Systemimmanente Widersprüche als Führungsaufgabe

Vera Blauth · Christoph Schweppe

Systemimmanente Widersprüche als Führungsaufgabe

Bewältigungsstrategien, Erklärungsmodelle und Praxisbeispiele

Vera Blauth
Coaching & Trainings
Leimersheim, Deutschland

Christoph Schweppe
Coaching & Trainings
Bochum, Deutschland

ISBN 978-3-662-66952-5   ISBN 978-3-662-66953-2   (eBook)
https://doi.org/10.1007/978-3-662-66953-2

Die Deutsche Nationalbibliothek verzeichnet diese Publikation in der Deutschen Nationalbibliografie; detaillierte bibliografische Daten sind im Internet über http://dnb.d-nb.de abrufbar.

© Der/die Herausgeber bzw. der/die Autor(en), exklusiv lizenziert an Springer-Verlag GmbH, DE, ein Teil von Springer Nature 2023
Das Werk einschließlich aller seiner Teile ist urheberrechtlich geschützt. Jede Verwertung, die nicht ausdrücklich vom Urheberrechtsgesetz zugelassen ist, bedarf der vorherigen Zustimmung des Verlags. Das gilt insbesondere für Vervielfältigungen, Bearbeitungen, Übersetzungen, Mikroverfilmungen und die Einspeicherung und Verarbeitung in elektronischen Systemen.
Die Wiedergabe von allgemein beschreibenden Bezeichnungen, Marken, Unternehmensnamen etc. in diesem Werk bedeutet nicht, dass diese frei durch jedermann benutzt werden dürfen. Die Berechtigung zur Benutzung unterliegt, auch ohne gesonderten Hinweis hierzu, den Regeln des Markenrechts. Die Rechte des jeweiligen Zeicheninhabers sind zu beachten.
Der Verlag, die Autoren und die Herausgeber gehen davon aus, dass die Angaben und Informationen in diesem Werk zum Zeitpunkt der Veröffentlichung vollständig und korrekt sind. Weder der Verlag, noch die Autoren oder die Herausgeber übernehmen, ausdrücklich oder implizit, Gewähr für den Inhalt des Werkes, etwaige Fehler oder Äußerungen. Der Verlag bleibt im Hinblick auf geografische Zuordnungen und Gebietsbezeichnungen in veröffentlichten Karten und Institutionsadressen neutral.

Planung/Lektorat: Mareike Teichmann
Springer Gabler ist ein Imprint der eingetragenen Gesellschaft Springer-Verlag GmbH, DE und ist ein Teil von Springer Nature.
Die Anschrift der Gesellschaft ist: Heidelberger Platz 3, 14197 Berlin, Germany

Danksagungen

Danksagung von Vera Blauth

Der Antrieb zu diesem Buch ist, um es mit George Orwell zu sagen:

„Eine Tatsache, auf die ich Aufmerksamkeit lenken will, und mein wichtigstes Anliegen ist es, Gehör zu finden."

Ein Buch zu schreiben ist ein besonderes Wegstück, auf dem viele Menschen begleiten.

Mein Kollege Achim Wiedemann hat mich überhaupt erst auf die Idee gebracht, meine Studienerkenntnisse in einem Buch zur Verfügung zu stellen. „Was für eine verrückte Idee", dachte ich damals, und dann setzte ich sie in die Tat um.

Danke für Deine Inspiration, die mich veranlasste, mich auf den Weg zu machen.

Prof. Bernd Schwandt hat als Dozent des Studienganges „Unternehmenskommunikation und Rhetorik" der Universität Koblenz-Landau meine Studie begleitet. Er sorgte dafür, dass sie breiter ausfiel, als das für eine Masterthesis vermutlich notwendig gewesen wäre. Damit war der Grundstock für das Buch gelegt. Ich durfte ihn als wertvollen Dozenten mit Praxisbezug erleben und als Menschen, der mich positiv herausforderte.

Danke, dass Du Dir in vielen Gesprächen Zeit genommen hast.

Meine Studie wäre aber nicht zustande gekommen, hätten sich nicht zahlreiche Führungskräfte und Coaches bereiterklärt, an Interviews teilzunehmen und mir ihr Vertrauen zu schenken. Unternehmen gewährten mir Zugang und unterstützten mein Anliegen.

Vielen Dank Euch allen.

Alleine ein Buch schreiben? Das wollte ich nicht, ahnte ich doch, wieviel Zeit und Kraft mich das kosten würde. Ich brauchte einen Sparringspartner. Also trat ich mit der Idee an meinen Freund und Kollegen Christoph Schweppe heran, der nicht lange überlegte und sich mit mir auf den Weg machte. Mit ihm gemeinsam ist es gelungen, alle Erkenntnisse und Erfahrungen in die Form dieses Buches zu bringen.

Ich danke Dir. Wer es schafft, ein Buch miteinander zu schreiben und befreundet zu bleiben, der schafft auch anderes miteinander.

Als ich das Buch begann, bat ich meine Freundin Andrea, mir „in den Hintern zu treten", wenn ich nachlässig werden würde. Sie hat mehr als nur das geleistet.

Ich danke Dir dafür, dass Du mich immer wieder ermutigt hast, wenn mir die Luft ausging. Du hast unermüdlich nachgefragt, wie weit ich bin, was mich manches Mal nötigte, voranzukommen.

Danke an dieser Stelle auch an Joni, fürs Probelesen und Nachfragen.

Nach einem Telefonat mit Mareike Teichmann entschied ich mich für den Springer Gabler Verlag. Hier passte die Chemie und ich fühlte mich fachlich gut aufgehoben.

Danke für alle Unterstützung, natürlich auch an das Team, für das Beantworten vieler Fragen und jedes freundliche Gespräch.

Meine Kinder Lena, Elias und Aaron haben mich ebenfalls auf dem Weg zum Buch begleitet. Nicht immer freiwillig, war ich doch häufig nicht ansprechbar für sie, vertieft in meine Gedanken und am Schreiben vor dem Laptop. Dennoch bekam ich immer wieder ein: „Du machst das schon" und das Gefühl von ihnen, dass es gut, richtig und wichtig ist. Sie ließen mich verstehen, dass sie das Buchprojekt nicht nur akzeptieren, sondern unterstützen.

Vielen Dank Euch Dreien. Ihr seid einfach wunderbar.

Ich widme dieses Buch meinem Vater, der mich mit Zutrauen erzog und mit Vertrauen und Optimismus prägte.

Liebe/r LeserIn,

wenn ich vielen Menschen danke, die bei der Entstehung dieses Buches mit mir auf dem Weg waren, so danke ich auch Dir. Denn Du hast das Buch in Deinen Händen, und ich freue mich, dass Du Interesse zeigst. So bist auch Du Teil meiner Wegstrecke.

In diesem Buch geht es um Kommunikation. Ich will gerne mit Dir in den Dialog treten. Daher biete ich Dir an:

- Wenn Du Fragen oder Anregungen zum Buch hast, schreibe mir.
- Wenn das Buch Dich herausfordert, an Dir zu arbeiten oder in Deinem Unternehmen zu Veränderungen beizutragen, dann freue ich mich, wenn ich auch Dich ein Wegstück begleiten darf.

vb@blauth-schweppe.de

Herzliche Grüße,
Vera Blauth

Danksagung von Christoph Schweppe

Ich danke den vielen LehrerInnen, die mir in meinem Leben begegnet sind! Manche/r von Euch weiß es vielleicht gar nicht, aber ich habe viel von Euch gelernt.

Einige besondere UnterstützerInnen möchte ich an dieser Stelle erwähnen.

Vera – gleichzeitig meine härteste Kritikerin und größte Unterstützerin. Außerdem hattest Du die Idee zu diesem Projekt. Du hast meine schlechte Laune ausgehalten, wenn es mal nicht so lief oder wenn unsere sehr unterschiedlichen Arbeitsweisen aufeinanderprallten. Danke, für den tollen Garten und die ein oder andere Weißweinschorle.

Jonathan, Maren und Paul – für manchen technischen Support und für den Freiraum. Selbst im Urlaub habt Ihr es mitgetragen. Hab Euch lieb!

Lena, Elias und Aaron – Ihr musstet oft zurückstecken, weil die Videotelefonate endlos wurden.

Meine Eltern – für das unerschütterliche Vertrauen, dass Ihr mir mitgegeben habt. Es gibt immer eine Fallbackposition.

Alex K., Alex L., Andrea, Britta, Christoph, Jörg, Gunnar, Marcus, Margret, Michael, Nina, Norbert, Peter … es waren bestimmt noch einige mehr – für das Ermutigen und Nachfragen.

Frau Teichmann vom Springer Gabler Verlag – für prompte und kompetente Antworten und den Glauben an das Projekt.

Vielen Dank!

Inhaltsverzeichnis

1 **Einleitung**   1

2 **Aufbau der Studie**   7
   2.1 Methodik und Erhebungsverfahren   8
   2.2 Selektionskriterien zur Auswahl der InterviewpartnerInnen   9
      2.2.1 Auswahl der Führungskräfte und Unternehmen   9
      2.2.2 Auswahl der Coaches   10
   2.3 Durchführung und Aufbereitung der Interviews   11
   2.4 Kritische Würdigung   11
   Literatur   13

3 **Die Führungskraft im systemischen Umfeld**   15
   3.1 Die Führungskraft als Mensch   16
   3.2 Die Führungskraft in ihrer Rolle   27
   3.3 Die Führungskraft im System mit systemimmanenten Widersprüchen   39
   Literatur   49

4	**Kommunikation als Führungsaufgabe**	51
	Literatur	68
5	**Führungskräfte wollen verändern**	71
	5.1 Hilf dir selbst	72
	5.1.1 Entscheide	72
	5.1.2 Priorisiere	82
	5.1.3 Verschweige	93
	5.2 Einbezug anderer	102
	5.2.1 Suche Unterstützung	103
	5.2.2 Argumentiere und Rechtfertige	116
	Literatur	127
6	**Führungskräfte passen sich an bis zur Selbstaufgabe**	131
	6.1 Halte dich zurück und übe Selbstkontrolle	132
	6.2 Vertage	141
	6.3 Lote den Mittelweg aus	144
	Literatur	152
7	**Manchmal hilft nur, zu gehen**	155
	7.1 Innere Kündigung	156
	7.2 Ich bin dann mal weg	161
	Literatur	164
8	**Wie Unternehmen helfen (können)**	167
	8.1 Eine Bestandsaufnahme	168
	8.2 Coaching als wirksame Methode	180
	Literatur	189

Über die Autoren

Vera Blauth Ich bin seit 2010 erfolgreich als Coach und Trainerin für Teams und Führungskräfte tätig.

Meine Schwerpunktthemen sind Unternehmenskommunikation, Führung, Persönlichkeit und Burnout-Prophylaxe.

Ursprünglich komme ich aus dem theologisch-pädagogischen Bereich. Mein Engagement galt Kindern und Jugendlichen, die im Leben nicht so privilegiert sind, wie andere. Nebenbei beriet ich Führungskräfte in Unternehmen. Nach der Zusatzausbildung als

Beraterin über die Gesellschaft für wissenschaftliche Gesprächspsychotherapie stieg ich ganz in die Erwachsenenbildung und den Businesskontext ein.

Im Jahr 2018 habe ich berufsbegleitend, aufbauend auf der jahrelangen Berufserfahrung, den Masterstudiengang „Unternehmenskommunikation und Rhetorik" begonnen und 2021 erfolgreich abgeschlossen. Lebenslanges Lernen hat für mich einen hohen Stellenwert. So habe ich mich u. a. zur Burnout-Gutachterin und Naturtrainerin (Naturerlebnisschule Raesfeld) weitergebildet.

Ehrenamtlich habe ich mich weiterhin für Kinder und Jugendliche in Deutschland engagiert und bin Mitgründerin des christlichen Erlebniscamps CVJM Praiseland e. V.

Ich bin 1970 geboren und lebe derzeit auf dem Land, in Leimersheim bei Speyer. Ich habe einen pyrenäischen Berghundmischling und entspanne beim Rasenmähen.

Christoph Schweppe Seit 2010 arbeite ich hauptberuflich als Coach und Trainer für Teams und Führungskräfte.

Meine Schwerpunktthemen sind Führung, Kommunikation und Change-Management-Prozesse.

Nach meinem Theologiestudium in Hamburg und Rüschlikon (CH) habe ich vier Jahre als Pastor in Bochum gearbeitet.

2000 habe ich nach einer einjährigen Fortbildung zum Personalreferenten (Fortbildungsakademie der Wirtschaft) in der Personalentwicklung bei Aral – später BP Europa SE – viel Erfahrung in der

Wirtschaft gesammelt. Insgesamt war ich 10 Jahre erfolgreich in verschiedenen Funktionen im Bereich Human Resources tätig.

Ich bin 1968 in München geboren und wuchs in einem Dorf in der Eifel auf. Ich liebe das Ruhrgebiet und den VfL, seit ich 1995 nach Bochum gekommen bin. Ich sitze gerne mal in der Sonne, um ein gutes Buch zu lesen.

1
Einleitung

Zusammenfassung In unserer Tätigkeit als Coaches und TrainerIn erleben wir in den letzten Jahren verstärkt, dass Führungskräfte Widersprüche thematisieren, die aus dem Unternehmen heraus generiert, also systemimmanent sind. Ein systemimmanenter Widerspruch beschreibt Gegensätzliches oder Unvereinbares, das nicht zeitgleich kompatibel ist und dem Handlungsfeld der Führungskraft innewohnt. Mit diesem Buch rücken wir die Führungskraft im mittleren Management, ihr individuelles Erleben von systemimmanenten Widersprüchen sowie ihr Agieren in diesen Spannungsfeldern in das Blickfeld. Es werden drei Handlungsoptionen der Führungskraft deutlich: Verändern, Anpassen, Verlassen. Diese sind durch die Dimensionen Mensch, Rolle und System bestimmt. Dabei spielt Kommunikation als wirkungsvolles Instrument der Führung im Umgang mit Widersprüchen eine große Rolle. Sie begegnen im Buch Führungskräften und ihren Beispielgeschichten sowie aktuellen Studienergebnissen und Erkenntnissen aus dem bisherigen Forschungsstand. Praxistipps und Standortbestimmungen geben Ihnen praktische Hilfestellungen an die Hand.

In unserer Tätigkeit als Coaches und TrainerIn erleben wir in den letzten Jahren verstärkt, dass Führungskräfte Widersprüche thematisieren, die aus dem Unternehmen heraus generiert, also systemimmanent sind.

Was genau meinen wir, wenn wir in diesem Buch vom systemimmanenten Widerspruch sprechen?

Zahlreiche Begriffe in Literatur und Forschung beschreiben Widersprüchlichkeiten, so z. B. Paradoxie, Ambivalenz, Dualität, Dilemma, Konflikt. In der Praxis werden sie meist synonym verwendet. Wenn wir in diesem Buch vom Widerspruch sprechen, verstehen wir diesen im weiten Sinne als Konträres bzw. Bipolares.

Ein systemimmanenter Widerspruch beschreibt Gegensätzliches oder Unvereinbares, das nicht zeitgleich kompatibel ist und dem Handlungsfeld der Führungskraft innewohnt. Beide Richtungen des aus dem organisationalen Kontext kommenden Widerspruchs sind am Nutzen für das Unternehmen orientiert, was die Auflösung in eine Richtung erschwert.

Als Coaches können wir beobachten, dass systemimmanente Widersprüche stets eine Wirkung im operativen Handeln der Führungskraft, speziell im mittleren Management, haben und eine Zerrissenheit auslösen können. Werte, Erfahrungen, Emotion und Ratio spiegeln sich im Umgang mit systemimmanenten Widersprüchen ebenso wider wie der organisationale Kontext und die Erwartungen an die Rolle.

All dies wirkt auf das kommunikative Verhalten der Führungskraft. Die Bewältigung systemimmanenter Widersprüche als Führungsaufgabe belastet die Führungskraft und deren Kommunikation, wodurch Leistungspotenzial verloren geht. Dem mittleren Management kommt dabei eine besondere Bedeutung zu. Die Führungskraft in der Sandwichposition befindet sich in der Mittlerrolle zwischen übergeordneter Hierarchieebene und MitarbeiterInnen. Einflüsse aus beiden und in beide Richtungen sind in dieser Position am stärksten.

Die Führungskraft sucht nach Lösungen im systemimmanenten Widerspruch, denn eindeutig wird ihr die Bewältigung des Widerspruchs zugeschrieben.

Unser Anliegen mit diesem Buch ist, die Führungskraft im mittleren Management, ihr individuelles Erleben von systemimmanenten Widersprüchen sowie ihr Agieren in diesen Spannungsfeldern in das Blickfeld zu rücken.

Um hierbei nicht nur aus der Praxiserfahrung zu berichten, beziehen wir uns in diesem Buch auf eine im Rahmen einer Masterarbeit an der Universität Koblenz-Landau von Vera Blauth durchgeführte Studie. Damit greifen wir auf eine fundierte, empirische Grundlage zurück. Des Weiteren nehmen wir Erkenntnisse aus dem bisherigen Forschungsstand zu diesem Thema auf.

In der Studie wurde geprüft, ob sich im Umgang mit systemimmanenten Widersprüchen wahrgenommene Beobachtungen aus dem Führungsalltag empirisch anhand der Interviews mit Führungskräften belegen lassen. Hierzu zählen z. B. Unsicherheit, Entscheidungsunfähigkeit, Rückzug, Selbstzweifel, mangelnde Selbstkontrolle, emotionale wie körperliche Überlastung und Kündigungsfantasien.

Leitend war die Frage, wie Führungskräfte mit systemimmanenten Widersprüchen und den damit verbundenen Herausforderungen an die Kommunikationsfähigkeit umgehen.

Interviews mit Coaches ergänzten dieses Anliegen aus Sicht derer, die Führungskräfte in ihrer Kommunikationsfähigkeit unterstützen und systemimmanente Widersprüche aus der Außensicht wahrnehmen.

Die Studienergebnisse sind eindeutig. Es werden drei große Handlungsoptionen der Führungskraft deutlich:

- **Verändern**
- **Anpassen**
- **Verlassen**

Diese erinnern an die aus der Hirnforschung bekannten Reaktionen auf Gefahren, nämlich Kampf, Starre und Flucht. Diese drei großen Handlungsfelder mit ihren Untergliederungen betrachten wir mit Ihnen in Kap. 5 bis 7.

Dabei ist anzumerken, dass die drei Handlungsoptionen nicht gleichwertig nebeneinanderstehen, sondern linear erfolgen. Die klare Tendenz im kommunikativen Verhalten der Führungskraft geht in Richtung des Veränderns, was eine Auflösung des Widerspruchs in ein „Entweder, oder" darstellt. Die Veränderung erfolgt durch Selbsthilfe oder unter Einbezug anderer.

Kann Veränderung nicht selbst herbeigeführt und nicht mithilfe anderer erzeugt werden, wird eine Anpassung erwogen. Diese ist für die Führungskraft also in der Regel nicht direkte Folge einer widersprüchlichen Situation, sondern findet statt, wenn Veränderung nicht möglich ist. Zudem erfolgt sie meist nur auf Zeit, um den Sachverhalt zu einem späteren Zeitpunkt neu in den Versuch der Veränderung zu bringen.

Nutzt die Führungskraft die Option des Verlassens, so ist dies stets die letzte und endgültige Form des Verhaltens im systemimmanenten Widerspruch. Aus dem Verlassen gibt es in den meisten Fällen kein Zurück mehr.

Die Verhaltensweisen Verändern, Anpassen und Verlassen werden durch drei entscheidende Dimensionen bestimmt (Kap. 3):

- **Mensch**
- **Rolle**
- **System**

Es ist zudem hilfreich, die Bedeutung der Kommunikation im unternehmerischen Kontext zu kennen, um das kommunikative Verhalten im Widerspruch einordnen zu können. In Kap. 4 wenden wir uns daher dem Thema Kommunikation im systemischen Umfeld zu und betrachten dabei auch die Besonderheit der Kommunikation im systemimmanenten Widerspruch.

Sie werden im Buch Führungskräften und ihren Beispielgeschichten begegnen und dabei auch Julia und Sven kennenlernen. Alle Namen sind frei erfunden, die Geschichten gehen jedoch auf Tatsachenberichte zurück. Julia und Sven begleiten Sie durch mehrere Kapitel, während andere Führungskräfte Ihnen nur in einzelnen Kapiteln begegnen.

- **Julias Geschichte** lesen Sie in: Abschn. 3.2, 5.1.2, 5.2.2 und 8.1.
- **Svens Geschichte** lesen Sie in: Abschn. 3.3, Kap. 4, Abschn. 5.1.3, 7.2 und 8.1.

Eine genaue Beschreibung des Aufbaus der Studie, auf der das Buch beruht, finden Sie in Kap. 2.

Originalzitate der befragten Führungskräfte und Coaches begleiten Sie beim Lesen. Diese sind durch *Kursivschrift* gekennzeichnet.

Wir hoffen, dass dieses Buch dazu beiträgt, mehr über systemimmanente Widersprüche zu sprechen. Dazu sollen u. a. die Praxistipps und Anregungen zur eigenen Standortbestimmung dienen. Zudem wollen wir mit diesem Buch VerantwortungsträgerInnen in Unternehmen dafür sensibilisieren, wie sie Führungskräfte im Umgang mit systemimmanenten Widersprüchen von Unternehmensseite her unterstützen können (Kap. 8).

copyright Vera Blauth

Ein Buch, das helfen soll, Orientierung zu geben.
Wir wünschen Ihnen viel Freude beim Lesen,
Vera Blauth und Christoph Schweppe.

2
Aufbau der Studie

Wissenschaft und Alltag können und sollen nicht getrennt werden.
(Rosalind Franklin, o. J.)

Zusammenfassung Wir knüpfen mit der eigenen Studie und diesem Buch an Praxisbeobachtungen an und verfolgen damit ein pragmatisches (Wissenschafts-) Ziel. Das gewählte qualitative Erhebungsverfahren des halbstrukturierten Interviews fand mit zwei Zielgruppen statt. Wir zeigen die Sicht von Führungskräften und Coaches, die in leitfadengestützten Interviews erhoben wurde.

Wir knüpfen mit der eigenen Studie und unserem Buch an Praxisbeobachtungen an und verfolgen damit ein pragmatisches (Wissenschafts-) Ziel (vgl. Bleicher, 1995). Wir zeigen die Sicht von Führungskräften, die in leitfadengestützten Interviews erhoben wurde. Diese ergänzen wir um die Außensicht der Coaches, die in gewinnorientierten Unternehmen mit Führungskräften arbeiten. Das neu gewonnene Wissen aus der empirischen Studie verbinden wir mit den

Erkenntnissen aus dem bisherigen Forschungsstand sowie unserer beruflichen Erfahrung. Daraus leiten wir Vorschläge für die Praxis ab, wie die Kommunikationsfähigkeit in systemimmanenten Widersprüchen unter Einbezug des systemischen Umfelds optimiert werden kann.

Die Forschungsfrage der Studie lautete: Welches kommunikative Verhalten ergibt sich für Führungskräfte aus systemimmanenten Widersprüchen?

Aus dem bereits vorliegenden Forschungshintergrund ergaben sich folgende Unterfragen:

a) Inwiefern werden systemimmanente Widersprüche von Führungskräften im mittleren Management (rational) erfasst?
b) Wie wesentlich ist für die Führungskraft eine Entscheidung und welche Bedeutung hat eine Nichtentscheidung und damit das „Sowohl, als auch"?
c) Welche Bedingungen für gelingende Kommunikation erkennen Führungskräfte und inwieweit fließen eigene Werte in die Thematik ein?
d) Wie klar ist die Rollenerwartung im systemimmanenten Widerspruch und welche Bedeutung hat das eigene Geführtwerden?

Wir wollen gerne all jenen, die sich dafür interessieren, im Folgenden die Fakten zur Erhebung der Daten liefern.

2.1 Methodik und Erhebungsverfahren

Es wurde eine qualitative Studie durchgeführt, die auf der Grounded Theory (GT) aufbaut, die von Glaser und Strauss (1998) entwickelt wurde. Studien nach der GT haben ihre Verankerung in der Praxis und den damit verbundenen „herausfordernden Situationen" (Wenzler-Cremer, 2007). Die Erhebungsmethode bietet die Möglichkeit, induktives mit deduktivem Vorgehen zu verbinden und, auch wenn vorwiegend qualitativ geforscht wird, quantitative Aspekte mit aufzunehmen. Als kennzeichnend für die GT ist für Kuckartz (2018) u. a.

„die offene Vorgehensweise" und „der mehrstufige Prozess der Kategorienbildung" (S. 82). Die „Verzahnung von Datenerhebung und Datenanalyse" (Wenzler-Cremer, 2007) ist ebenso ein Merkmal der GT.

Der/die Interviewte ist dabei die „Quelle von Spezialwissen über die zu erforschenden sozialen Sachverhalte" (Gläser & Laudel, 2009, S. 12). Ein Interviewleitfaden sicherte die Konzentration auf die Forschungsfrage. Im Leitfaden wurde die „Forschungsfrage in Fragen an die Empirie" übersetzt (Gläser & Laudel, 2009, S. 91). Es wurde mit offenen Fragen gearbeitet, Ausnahme waren Skalierungsfragen, um einen möglichst großen Freiraum im Antwortverhalten zu ermöglichen und neue Ideen generieren zu können. Simulationsfragen halfen, die über Umwege zu erfragenden Themenfelder kommunizierbar zu machen. Kontrollfragen sicherten gemachte Äußerungen in ihrer Stimmigkeit ab. Die Abschlussfrage gab dem/der Interviewten die Möglichkeit, noch nicht oder zu wenig benannte Aspekte aufzugreifen. Die Interviews wurden auf eine Zeitstunde begrenzt. Ein Interview wurde als Pre-Test geführt, dieses floss nicht in die Auswertung ein.

2.2 Selektionskriterien zur Auswahl der InterviewpartnerInnen

2.2.1 Auswahl der Führungskräfte und Unternehmen

Es wurden dreizehn Interviews mit Führungskräften durchgeführt. Eines floss aufgrund der erreichten Sättigung nicht in die Auswertung ein. Die Führungskräfte wurden aus zwei gewinnorientierten deutschen Unternehmen ausgewählt. Aus jedem wurden sechs Interviews in die Auswertung genommen. Zum einen handelte es sich um einen eher national ausgerichteten Traditionsbetrieb im Handwerk, zum anderen um ein Unternehmen im Bereich der erneuerbaren Energien, als Vertreter einer Branche, die angesichts der Klimathematik als modern mit innovativem Potenzial bezeichnet werden kann. Beide Unternehmen besitzen mehrere Standorte. Die Unternehmensgröße ermöglichte es, die zu untersuchende Thematik herauszuarbeiten. Unterscheidungsmerkmale sind die Branche und der Aktionsradius.

Die Selektionskriterien zur Auswahl der Führungskräfte waren eine mindestens zweijährige Tätigkeit im mittleren Management und das Führen von mindestens drei eigenen MitarbeiterInnen. Bei einem Anteil weiblicher Führungskräfte von ca. 20 % in den ausgewählten Unternehmen, wurde des Weiteren darauf geachtet, auch hier einen repräsentativen Wert unter den Befragten zu erreichen.

Die Studie wurde nach der Auswertung um weitere Interviews mit Führungskräften ergänzt, um zu prüfen, ob die Ergebnisse auch auf andere Branchen übertragbar sind. Dabei wurden Führungskräfte und die Unternehmen, in denen sie tätig sind, nach denselben Kriterien ausgewählt wie im ersten Teil der Studie. Lediglich die Branchen variierten, von Industrie über Banken bis hin zum Handel. Diese Interviews bestätigten die Ergebnisse der bereits durchgeführten Studie und zeigten auf, dass auch branchenübergreifend eine Sättigung erreicht war.

2.2.2 Auswahl der Coaches

Es wurden zwölf Coaches befragt, die ihre Leistung im professionellen Kontext für Führungskräfte der mittleren Managementebene in deutschen Unternehmen anbieten und mindestens seit zwei Jahren am Markt tätig sind. Den befragten Coaches kann aufgrund ihrer Berufserfahrung und da zwei Drittel der Befragten zu 100 % über die Coachingtätigkeit ihren Lebensunterhalt sichern eine „fundierte Erfahrung und ein geschulter Blick attestiert werden" (Haubl et al., 2013, S. 13).

Es wurde auf eine repräsentative Auswahl geachtet. Die Einsatzorte der Befragten erstrecken sich über ganz Deutschland. Die Geschlechterverteilung ist mit der der Führungskräfte identisch (66,67 % männlich, 33,33 % weiblich). Ein Matching mit den Führungskräften kam im Einzelfall vor, war aber kein Auswahlkriterium.

2.3 Durchführung und Aufbereitung der Interviews

Die Interviews fanden im Zeitraum vom 29.10.2020 bis 13.11.2020 statt und hatten eine Dauer von je ca. einer Stunde. Die Interviews zur Erweiterung der Studie erfolgten im Zeitraum vom 29.11.2021 bis 15.06.2022.

Um das Antwortverhalten nicht zu beeinflussen, bekamen die InterviewpartnerInnen im Vorfeld lediglich Informationen über Vorgehen und Ziel der Studie. Die Anonymisierung der Daten wurde ihnen zugesagt. Nach jedem Interview wurde ein Protokoll mit z. B. Aussagen zu Störfaktoren im Gespräch, Bemerkungen zum Gesprächsverlauf und der Nachinterviewphase angefertigt (vgl. Gläser & Laudel, 2009, S. 192). Anhand der Audiodateien konnten alle Interviews aus dem ersten Teil der Studie nach festgelegten Regeln mittels einer QDA-Software transkribiert werden. Die Transkription erfolgte weitgehend vollständig, um den konkreten Sprachkontext zu erhalten. Die Interviews aus dem zweiten Teil der Studie wurden nur in Auszügen transkribiert.

Bei der Datenauswertung wurden die Textstellen offen codiert. Codieren bezeichnet dabei „Analysieren, Benennen, Kategorisieren und das theoretische Einordnen der Daten" (Kuckartz, 2018, S. 35–36). Es erfolgte eine kontinuierliche Anpassung des Kategoriensystems und somit eine ständige Überprüfung im Forschungsprozess. Wir weisen jedoch darauf hin, dass dieser in der Sozialforschung stets durch die subjektive Wahrnehmung und Auswertung der Forschenden geprägt ist. Die detaillierten Auswertungsergebnisse der Studie bilden die Grundlage für dieses Buchs.

2.4 Kritische Würdigung

Zur Beantwortung der Forschungsfrage wurde auf eine qualitative Studie als Grundlagenforschung gesetzt. Die Datenerhebung mittels leitfadengestützter Interviews kann dabei kritisch betrachtet werden, da im Interview einerseits eine offene Gesprächsatmosphäre geschaffen wird, andererseits steht dieser das Informationsinteresse der ForscherInnen gegenüber, die durch Fragen das Gespräch auf das Thema fokussiert halten. Im Sinne der qualitativen Forschung hat sich diese Methode jedoch als sinnvoll erwiesen und lässt zu, „soziale Mechanismen" (Gläser & Laudel, 2009, S. 71) zu identifizieren. Die Auswertung der Daten nach dem Vorgehen der Grounded Theory machte eine Konkretisierung und Verallgemeinerung der Kategorien möglich, wobei die Betrachtung des Einzelfalls nicht verloren ging.

Die Länge der Interviews, die auf eine Stunde begrenzt war, wurde in fast allen Fällen voll ausgeschöpft und zeigt den hohen Gesprächsbedarf über das Thema.

Kritisch anzumerken ist: Führungskräften, die sich freiwillig zum Interview melden, kann eine eher hohe Kommunikationsfähigkeit und Sicherheit im Umgang mit widersprüchlichen Situationen unterstellt werden. Da Führungskräfte zu sozial angepasstem Antwortverhalten neigen (vgl. Haubl et al., 2013), steht diesem die Befragung der Coaches gegenüber, die einen distanzierteren Blick auf die Situation haben und in der Reflexion geübt sind. Die Vielschichtigkeit der Erfahrungswelt der Coaches erschwerte es diesen, über „die" Führungskraft zu sprechen, andererseits ergab sich aus dem Erfahrungsspektrum die Möglichkeit, zahlreiche Facetten einzubeziehen. Im Blick auf den Leitfaden zum Interview muss bei der Gruppe der Coaches kritisch bemerkt werden, dass eine punktuell höhere Differenzierung in den Fragestellungen hilfreich gewesen wäre.

Als Mangel im Auswahlverfahren der Führungskräfte könnte angesehen werden, dass diejenigen, die an systemimmanenten Widersprüchen scheitern, weniger in die Auswahl einbezogen werden konnten. Dem steht gegenüber, dass Coaches seltener präventiv agieren und somit die notwendige Ergänzung zur Gruppe der Führungskräfte darstellen.

Dieser Aspekt liefert zugleich einen Ausblick auf weitere Forschungsdesigns. So könnten in auf dieser Studie aufbauenden Erhebungen gezielt Führungskräfte einbezogen werden, die unter der Handlungsoption „Verlassen" agiert haben, sich z. B. aufgrund psychischer Belastung im Langzeitkrankenstand befinden oder gegebenenfalls das Unternehmen verlassen haben.

Ein weiterer Aspekt für Folgeforschungen kann die Genderthematik sein. Es wurde in der Auswahl der InterviewpartnerInnen auf eine ausreichende Anzahl an weiblichen Führungskräften und Coaches geachtet, um eine Verallgemeinerung der Ergebnisse gewährleisten zu können, die Genderthematik war aber nicht Gegenstand der Forschung.

Die vorliegende Studie bietet somit eine Grundlage für weitere Erhebungen und soll Anregung sein, auch das hier erfasste kommunikative Verhalten von Führungskräften in systemimmanenten Widersprüchen zu überprüfen.

Die dargestellte Beantwortung der Forschungsfrage hat für Unternehmen einen nennenswerten Erkenntnisgewinn und kann helfen, Führungskräfte, die erheblich zur Wertschöpfung des Unternehmens beitragen, in ihrem Umgang mit systemimmanenten Widersprüchen zu verstehen und adäquat zu begleiten.

Literatur

Bleicher, K. (1995). Betriebswirtschaftslehre. Disziplinäre Wissenschaft vom Wirtschaften in und zwischen Betrieben oder interdisziplinäre Wissenschaft vom Management? In R. Wunderer (Hrsg.), *Betriebswirtschaftslehre als Management- und Führungslehre* (3. Aufl., S. 91–120). Schäffer-Poeschel.

Franklin, R., zitiert nach Maddox, B. (2003). *Rosalind Franklin: The dark lady of DNA*. Harper Collins.

Glaser, B. G. & Strauss, A. (1998). *Grounded Theory. Strategien qualitativer Forschung*. Huber.

Gläser, J. & Laudel, G. (2009). *Experteninterviews und qualitative Inhaltsanalyse* (3. überarb. Aufl.). VS Verlag.

Haubl, R., Voß, G., Alsdorf, N. & Handrich, C. (2013). *Belastungsstörung mit System. Die zweite Studie zur psychosozialen Situation in deutschen Organisationen*. Vandenhoeck & Ruprecht.

Kuckartz, U. (2018). *Qualitative Inhaltsanalyse. Methoden, Praxis, Computerunterstützung* (4. Aufl.). Beltz Juventa.

Wenzler-Cremer, H. (2007). Grounded-Theory-Methodologie. Zum Entstehungskontext der Grounded Theory: Empirie als Ausgangspunkt für Theorie. *Quasus, Qualitatives Methodenportal zur Qualitativen Sozial-, Unterrichts- und Schulforschung*. https://quasussite.wordpress.com/grounded-theory/. Zugegriffen: 21. Juli 2022.

3

Die Führungskraft im systemischen Umfeld

Der Mensch ist Mittelpunkt. Der Mensch ist Mittel - Punkt.
(Prof. Dr. Oswald Neuberger, 1990).

Zusammenfassung Der Mensch ist Mittelpunkt. So transportieren es zahlreiche Unternehmen in ihren Leitbildern. Zwischen Humanität und Effizienz zu jonglieren, ist im unternehmerischen Alltag jedoch nicht der einfachste Job. Rollenerwartungen an die Führungskraft im mittleren Management bleiben dabei meist diffus, sodass die Führungskraft die Rolle selbst definiert. Nur eines scheint sicher: Die Bewältigung von Widersprüchen wird in Unternehmen der Rolle der Führungskraft zugeschrieben.

Mensch, Rolle und System wirken als drei einflussreiche Dimensionen auf das Verhalten der Führungskraft im systemimmanenten Widerspruch. Daher wollen wir diese mit Ihnen etwas genauer betrachten.

3.1 Die Führungskraft als Mensch

Der Mensch ist Mittelpunkt. So transportieren es zahlreiche Unternehmen in ihren Leitbildern (z. B. Deutsche Telekom, 2022; Rubinion, 2022). Aber was davon ist gelebte Unternehmenskultur?

Es ist unbestritten, dass in der heutigen VUCA-Welt[1] die Ressource Mensch neu entdeckt wird. Obstkörbe, Fitnesskurse, ein Jahresticket für den öffentlichen Nahverkehr, flexible Arbeitszeiten u. v. m. werden als Zusatzleistungen (Corporate Benefits) eingesetzt, d. h. als Angebote für ArbeitnehmerInnen, um ihnen gegenüber Wertschätzung zum Ausdruck zu bringen und ihre Zufriedenheit im Unternehmen zu steigern. Wer zufrieden ist, ist motiviert. Und wer motiviert ist, erbringt eine gute Leistung. Und vor allem: Er/sie bleibt im Unternehmen. Zusatzleistungen dienen der Gewinnung und Bindung von MitarbeiterInnen. So der Plan.

Dieser mag teilweise aufgehen. Zusatzleistungen sind eine Entscheidungshilfe für ArbeitnehmerInnen, die sich beruflich neu orientieren und sie werden von jenen geschätzt, die bereits im Unternehmen arbeiten. Im Bereich der Corporate Benefits werden auch Angebote, die den sozialen Zusammenhalt im Unternehmen unterstützen, bewusst eingesetzt.

> *Es kann Volleyball gespielt werden, abends, nach dem Feierabend gibt es Gruppen, die sich treffen. Es gibt Fußball, es gibt einen Fitnessraum. (…) Die Pflege des Mitarbeiters wird bei [Unternehmensname] ganz groß gehalten. Dass der Mitarbeiter sich wohlfühlt. Das fängt bei uns ja bei der Ernährung an, und es gibt viele Angebote.*

Zusatzleistungen stärken die Reputation des Unternehmens und machen dessen Werte auch nach außen sichtbar. Die Bedeutung gelebter Werte im Unternehmen zeigt sich auch im verstärkten

---

[1] VUCA stammt aus dem militärischen Vokabular und meint die Widerstandsfähigkeit und Anpassungsfähigkeit einer Organisation. VUCA bezeichnet dabei Merkmale der modernen Welt: volatility, uncertainty, complexity, ambiguity (vgl. Fuchs et al., 2018).

Engagement im Bereich der CSR[2] (vgl. Herzka, 2013, S. 78). Dieses kann sehr unterschiedlich aussehen und sich u. a. in Bereichen wie Umweltschutz oder Gesundheit niederschlagen. Andere Unternehmen entscheiden sich z. B. dazu, eine Spende der ArbeitnehmerInnen an eine gemeinnützige Organisation zu verdoppeln. CSR-Aktivitäten haben dabei nachweislich positive Auswirkungen auf die Haltung der Beschäftigten dem Unternehmen gegenüber (vgl. Purps-Pardigol, 2015, S. 170).

Werte haben unternehmensintern sowie in der Außendarstellung an Bedeutung gewonnen.

Für Führungskräfte, so zeigen die Interviews, gilt heutzutage: *Geld ist nicht alles.* Sondern, *dass letztendlich der Mensch (…) gesehen wird.* Die monetären Aspekte müssen passen, ganz klar. Aber diese sind nicht der alleinige Grund, warum Führungskräfte in einem Unternehmen sind oder bleiben:

Also man kann natürlich in unserer Position oder mit unserer Ausbildung momentan (…) pokern. Also, da verdient man mit Sicherheit irgendwo mehr. (…) Aber (…) da muss man irgendwo sagen: ‚Okay, ist es mir das dann wert?'

Was nutzt dir das Geld (…), das du woanders [mehr] bekommst, du dich da aber vielleicht nicht wohlfühlst.

Führungskräften ist wesentlich, dass die Unternehmenskultur zu den eigenen Werten passt, das soziale Miteinander stimmt, Freiheit und Gestaltungsmöglichkeiten gegeben sind und sie *nicht als Nummer gezählt, sondern wirklich als Menschen gesehen werden.*

Deutlich wird dies auch in Berichten von Führungskräften aus Unternehmen, die aufgrund von Wachstum neue Strukturen benötigen. Vorgesetzte haben auf einmal nicht mehr so viel Zeit für „ihre" Führungskraft, weil die Anzahl derer, um die sie sich zu

---

[2] CSR (Corporate Social Responsibility) meint die freiwillig übernommene gesellschaftliche Verantwortung „von Unternehmen im Sinne eines nachhaltigen Wirtschaftens" (Bundesministerium für Arbeit und Soziales, 2021).

kümmern haben, gewachsen ist. Das ist ähnlich wie in einer kleinen Familie, in der ein weiteres Kind geboren wird. Die bislang erhaltene Aufmerksamkeit muss ab sofort geteilt werden. Im unternehmerischen Kontext ist das eine gewaltige Umstellung, wenn KollegInnen hinzukommen. War die Führungskraft bislang eher alleinige/r AnsprechpartnerIn der Vorgesetzten, erhält sie nun nicht mehr alle Informationen auf direktem Wege und fühlt sich als Teil einer Gruppe von KollegInnen hintenangestellt.

Zudem müssen im Unternehmenswachstum Prozesse und Systeme neu überdacht werden. Leider werden sie nicht immer einfacher, sondern häufig komplexer und kosten Zeit für Einarbeitung und Pflege. In Phasen von Umstrukturierungen oder dem Aufbau neuer Unternehmensbereiche liegt der Fokus eher auf den Organisationsstrukturen. Das Leitbild vom Menschen im Mittelpunkt geht dabei schon einmal unter. Ist die Unternehmenskultur in ihrem Fundament aber entsprechend ausgerichtet, erfolgt in der Regel eine Rückbesinnung auf den Menschen, sobald Umstrukturierungen angestoßen, spätestens aber wenn sie weitgehend abgeschlossen sind.

Deswegen bleiben auch viele hier und schätzen das halt auch wert. Es sind auch schon einige wieder zurückgekommen, die das dann [in einem anderen Unternehmen] ganz anders erfahren [haben].

Der Mensch ist Mittelpunkt. So scheint es.

Neuberger provozierte mit seiner Aussage „Der Mensch ist Mittelpunkt. Der Mensch ist Mittel - Punkt" (Neuberger, 1990). Er stellt infrage, ob der „Mensch als solcher" oder nicht vielmehr „das Unternehmensmitglied" im Mittelpunkt steht (Neuberger, 2006, S. 329) und plädiert für eine „realistischere Aussage über die Bedingungen, die Menschen in Organisationen oder Unternehmen vorfinden", anstatt ihnen „vorzugaukeln, (…) sie seien das wertvollste Kapital" (BR-online, 1999).

Eine sicher nicht unberechtigte Provokation. In ihr wird ein Widerspruch, der Unternehmen innewohnt, deutlich: Einerseits soll der

Mensch wertgeschätzt sein, andererseits wird sich seiner lediglich als nutzbringende Ressource bedient.

Führungskräfte machen durchaus die Erfahrung, dass am Ende auch bei einem werbewirksamen Slogan nicht alles Gold ist, was glänzt. Da hängt das Leitbild in der o. g. Version („Der Mensch ist Mittelpunkt") oder in ähnlicher Form im Eingangsbereich des Unternehmens, doch hinter den Kulissen sieht es manchmal ganz anders aus. Einer der befragten Coaches findet dafür folgende Worte:

Und die Werte hängen dann zwar auf irgendwelchen güldenen Lettern in irgendwelchen Empfangshallen von großen Konzernen und sind für den Arsch, um es mal auf Neudeutsch zu sagen. Ja, das merkst du natürlich dann auch, wenn der Coachee sagt: ‚Ja, mich kotzt das so an. Auf unserer Homepage steht dick und fett: ‚Der Mensch im Mittelpunkt'. Und gelebt wird es null.'

Als Coaches beobachten wir in Unternehmen auch, dass der Mensch zugunsten des unternehmerischen Gewinns ertragen wird. Es wird an MitarbeiterInnen oder Führungskräften festgehalten, die zwischenmenschlich in keiner Weise die Werte des Unternehmens teilen, aber hohe Umsätze und vor allem Gewinne erzielen. ArbeitnehmerInnen, die nicht in das Wertesystem passen, vergiften somit über die Jahre ganze Abteilungen und machen Slogans wie den genannten im Erleben unwirksam.

Aber auch, wenn die eigenen Werte mit denen des Unternehmens übereinstimmen, so gilt in der Praxis doch häufig: Die Führungskraft hat Freiheiten, wird als Mensch wertgeschätzt und hat Befürworter – solange die Ergebnisse stimmen. Doch leider ist die Halbwertszeit von Erfolg erschreckend gering. Wir hören im Coaching immer wieder: „An den Erfolg von gestern kann sich morgen niemand mehr erinnern, wenn du heute einen Fehler machst." Und dann ist es auch schnell vorbei mit dem Menschen im Mittelpunkt, dann geht es nur noch um Zahlen und Fakten, um Wertschöpfung und Rendite.

> **Aus der Sicht der Führungskraft: Urlaub – was ist das?**
> Silvia, 39 Jahre, Abteilungsleiterin, Branche: Industrie
>
> Eine Woche. Nur eine Woche will ich in Urlaub.
> Das ist schon lange geplant. Und nun brennt gerade die Hütte im Unternehmen.
> Es läuft nicht rund in meiner Abteilung und ich komme kaum hinterher. Die Kosten sind zu hoch und es gibt einige Projekte, die nicht so vorankommen wie geplant. Ich bin froh, wenn ich bei den Projekten mit einer schwarzen Null rauskomme und nicht noch Miese schreibe. Aber insgesamt bin ich zuversichtlich. Das wird schon.
> Das letzte Jahr lief super. Ich hatte ein tolles Ergebnis in meiner Abteilung. Die Stimmung war gut und der Chef hat sich in seiner Wertschätzung für mich fast überschlagen. Insgesamt wird das bei uns ja auch ziemlich wichtig genommen, dass das Betriebsklima stimmt und man als Mensch gesehen wird. Mit meinem guten Ergebnis vom letzten Jahr liegt die Messlatte für dieses Jahr ziemlich hoch. Vielleicht wäre es besser gewesen, das letzte Jahr wäre nicht ganz so gut ausgefallen.
> Eine Woche! Nur eine Woche! Ich habe doch auch noch eine Familie. Das muss doch drin sein. Seit Monaten hatte ich nicht frei. Die Urlaubstage häufen sich, irgendwann muss ich sie ja auch nehmen dürfen.
> Mein Vorgesetzter sagt: „Eine Woche? Die kannst du dir nicht erlauben. Nicht gerade jetzt. Hast du deine Zahlen mal angeschaut? Da kannst du doch nicht gerade jetzt in Urlaub fahren. Dann nimm wenigstens das Laptop mit und sei auf alle Fälle erreichbar, wenn du schon fährst!"
> Eine Woche! Nur eine Woche! So habe ich sie mir nicht vorgestellt!

Hüther (2006) fordert in Unternehmen den Richtungswechsel „weg von der Ressourcenausnutzungskultur hin zu einer Potenzialentfaltungskultur" (S. 12) und spricht von „Kooperation statt Wettbewerb" (Lufthansa Exclusive, o. J.).

Fakt ist aber, dass in Unternehmen beides gilt. Die Führungskraft soll das eigene Potenzial und das der MitarbeiterInnen entfalten und gleichzeitig deren Ressourcen sowie die eigenen (aus-)nutzen und zum Besten des Unternehmens einsetzen. Sie soll mit anderen Abteilungen und Teams kooperieren, konkurriert aber gleichzeitig aufgrund von verschiedenen Kostenstellen um Aufträge und Rendite. Dieser Widerspruch kann im Versuch, sich für eine Seite zu entscheiden, auf Kosten der KollegInnen gehen und diese benachteiligen oder gar ausgrenzen.

Unser Gehirn ist aber ein Sozialorgan. So verarbeitet es Ausgrenzung über dieselben neuronalen Verbindungen wie körperlichen Schmerz.

Mangelnde Verbundenheit kann folglich krank machen (vgl. Purps-Pardigol, 2015, S. 57). Durch Erkenntnisse aus der Hirnforschung prägte sich der Begriff des „Neuroleadership" (vgl. Elger, 2013). Verbundenheit und Mitgestaltung gelten als neurobiologische Grundbedürfnisse.

Wenn wir die Forderung von Kooperation statt Wettbewerb ernst nehmen, müssten langfristige, übergeordnete Ziele den individuellen weichen. Davon jedoch scheinen zahlreiche und vor allem ältere Unternehmen aufgrund ihrer Strukturen noch weit entfernt. Da reicht auch kein Obstkorb, um das Problem zu lösen. Mit dem allein ist heute kein/e MitarbeiterIn und keine Führungskraft mehr zu gewinnen. Da braucht es schon ein bisschen mehr.

Den Menschen in seinem Wesen, mit seinen Bedürfnissen und Werten ernst zu nehmen bedeutet, die Unternehmenskultur in ihrer Theorie und der gelebten Umsetzung am Menschen auszurichten.

Bereits 1977 vertritt Greenleaf die Auffassung, Führende haben ihren Geführten zu dienen (vgl. Wanninger, 2020). Dieser Anspruch an Führung ist aktueller denn je. Die Interviews mit Führungskräften machen deutlich: Führungskräfte sehen sich als Ermöglicher, nicht als Machtinhaber. Sie wissen um ihre Vorbildfunktion und die Notwendigkeit, individuelle, emotionale Bedürfnisse der Geführten in ihre Führung mit einzubeziehen. Dabei folgen sie moralischen Ansprüchen, kümmern sich um die Beziehungen zu ihren MitarbeiterInnen, ohne dabei die Unternehmensziele aus dem Blick zu verlieren. Die Führungskraft nimmt ihren „moralischen Kompass" (George & Sims, 2007, Kap. 5) als Orientierung für ihr Handeln und schafft partizipativ eine wertevermittelnde, sinnstiftende Vision (vgl. Stippler et al., 2014, S. 59).

Wir haben Führungskräfte nach ihren Werten gefragt, durch die sie geprägt wurden und die heute noch in ihrem beruflichen Kontext von Bedeutung sind. Ehrlichkeit, Vertrauen und Wertschätzung stehen bei allen Führungskräften ganz oben auf der Liste.

> **Standortbestimmung**
> - Durch welche Werte wurden Sie geprägt?
> - Welche davon sind heute noch von Bedeutung?
> - Wie gelingt es Ihnen, Ihren Werten im beruflichen Kontext treu zu bleiben?

Werte bestimmen die Maximen des Handelns, d. h. sie sind die Grundlage für unser Tun. Sie haben

> (…) eine Treppengeländerfunktion, d. h., in dem Moment, wo es schwierig wird oder wo ich herausgefordert bin oder wo es nochmal anders ist, als ich denke, dann brauche ich sowas, wo ich mich dran festhalten kann und da können so Lebenswerte eine Rolle spielen. (…) manchmal auch die Unternehmenswerte, mit denen sie dann über Kreuz liegen, vielleicht gar nicht so sehr mit den Werten an sich, sondern mit der Art und Weise wie sie dann von höheren Führungskräften gelebt werden.

Entscheidend ist, inwiefern das „Unternehmen mit den persönlichen Haltungen und Werten korrespondiert" (Permantier, 2019, S. 34). Gibt es hier nur eine geringe bis keine Übereinstimmung, kann eine Führungskraft wohl kaum langfristig in einem solchen Unternehmen bleiben, es sei denn, sie verkauft sich selbst. Haltung kommt nämlich vor Verhalten. Und so wird durch ein Verhalten im Unternehmen, das nicht mit den eigenen Werten übereinstimmt, die Frage aufgeworfen:

> *Was macht es aus dir als Mensch, wenn du mit dieser Bürde weiterlebst, obwohl deine Haltung eine andere ist? Dein Gehirn kann das nicht verarbeiten. Dein schlechtes Gewissen wird ja auch trainiert, dass du es nicht mehr so spürst.*

Stimmen die Unternehmenswerte mit den eigenen Werten überein, bleibt die Herausforderung, diese auch zu kommunizieren. Diese Aufgabe obliegt der Führungskraft. Kommunikation erfolgt hierbei sowohl verbal als auch über ein „Walk the Talk". Die Führungskraft spricht z. B. über Vertrauen und MitarbeiterInnen erleben im täglichen Tun einen vertrauensvollen Umgang und dass sie mit ihren Bedürfnissen ernstgenommen werden.

> *Ich pflege ein sehr vertrauensvolles Verhältnis mit meinen Mitarbeitern, wie gesagt. Ich weiß auch, glaube ich, mehr als wahrscheinlich manch andere Führungskraft über gewisse Dinge im Leben meiner Mitarbeiter Bescheid, was ich als sehr wichtig erachte, weil man dann (…) einfach auch mal gewisse Rücksichtnahmen an den Tag legen kann.*

3 Die Führungskraft im systemischen Umfeld

Also wenn ich weiß, dass der gerade Zuhause einen Angehörigen pflegt, der im Sterben ist, dann muss ich ihm nicht gerade das schwierigste Projekt geben, sondern kann auch gucken, dass er Sachen macht, die einfach in der derzeitigen Lage für ihn geeignet sind, wo er trotzdem Erfolg hat und nicht vollständig verzweifelt oder überfordert ist.

Es ist schwierig, zwischen dem Menschen mit seinen Werten und der Rolle der Führungskraft zu differenzieren. Beides gehört unweigerlich zusammen. Der Begriff der Work-Life-Balance steht dabei sinnbildlich für eine Differenzierung von Arbeit und Leben, obwohl es diese strikte Trennung in der Regel nicht gibt. Sicher ist es möglich und auch notwendig, sich in bestimmten Rollen unterschiedlich zu bewegen, z. B. als Führungskraft, als Mutter/Vater usw. Mit einem notwendigen rollenangepassten Verhalten ist jedoch keine schauspielerische Leistung gemeint. Denn in jede Rolle fließt die Persönlichkeit des Menschen hinein und im Idealfall stimmen seine Werte mit denen aus dem Rollenumfeld überein. Dann kann er auch in seinen Rollen authentisch sein.

Leider erleben Führungskräfte bei eigenen Vorgesetzten (und gelegentlich auch bei sich selbst), dass ein „Walk the Talk" nicht funktioniert. Da wird z. B. auf den Wert Pünktlichkeit gepocht, aber der/die GeschäftsführerIn lässt die Führungskräfte warten. Da wird verlangt, dass in der Besprechung alle Telefone aus sind, er/sie aber telefoniert.

Wir machen im Büro bei ihm die Besprechung, er erwartet, dass wir da vorbereitet sind. Er erwartet, dass wir als Führungskräfte dabei sind, aber dann sind permanente Störungen, und er hält sich selber nicht daran. Ich erlebe nicht, dass es für denjenigen wichtig ist.

Wir als Coaches kennen die Diskussionen darüber, ob es nun sinnvoller ist, menschenorientiert oder aufgabenorientiert zu führen. Und ob es nicht viel zu harmonisch gedacht ist, dass in Unternehmen der Mensch im Mittelpunkt stehen soll.

Es geht am Ende aber nicht darum, von einer Seite vom Pferd zu fallen. Wer auf dem Pferd reiten will, muss die Balance finden.

Authentizität ist dabei ein hohes Gut. Für jeden Einzelnen, aber auch für ein Unternehmen.

Dazu ein etwas skurriles Beispiel:

„Karens Diner", ein Burger-Restaurant, wirbt mit guten Burgern und sehr unhöflichem Service (Karens Diner, 2022). Wer beleidigt, respektlos und unfreundlich behandelt werden will, ist hier genau richtig. Alle Witze gehen auf Kosten der Gäste. Der Name Karen steht dabei für einen Typ Frau (oder auch Mann), der sich unverschämt benimmt und Ansprüche einfordert, indem der/die ManagerIn hinzuzitiert wird. Karens Diner schreibt auf seiner Website, dass dies ein Ort sei, an dem sich Gäste gerne beschweren dürfen. Es sei nämlich dem Personal sowie dem/der ManagerIn buchstäblich egal (Karens Diner, 2022).

Eine sehr besondere Art von Humor?

Vielleicht sind wir altmodisch, wenn wir noch an Werte wie respektvollen Umgang und Freundlichkeit glauben und das nicht nur vom Servicepersonal erwarten, sondern auch von den Gästen dem Personal gegenüber. Aber auch wenn wir es fraglich finden, dass Gäste Geld dafür ausgeben, schlechten Service zu erleben, so ist doch eines sicher: Wer in dieses Burger-Restaurant geht, weiß, was ihn erwartet. Authentisch sind sie dort.

Wenn wir nun zurückkommen zum Slogan „Der Mensch ist Mittelpunkt", dann lässt sich festhalten: Wer den Menschen als Mittelpunkt im Unternehmen proklamiert, sollte das authentisch umsetzen.

Unternehmen haben aber das Ziel, Gewinn zu erwirtschaften. Haben Sie schon einmal eine Bilanz gesehen, in der die Zahlen in Menschen umgerechnet werden?

Es ist doch eher umgekehrt.

Vielmehr soll

(...) über eine Effizienzsteigerung in Kosten und Abläufen eine Gewinnmaximierung herbeigeführt werden. Die [Geschäftsführer] haben aber dabei vergessen, dass da ein Lebewesen aus Fleisch und Blut als Ressource betrachtet wird. [Der Mensch] wird behandelt wie eine Maschine. Und das ist der Fehler im System.

Wir sind leistungsgetrieben, machen wir uns nichts vor. Das mag auch an unserer deutschen Kultur liegen. Galten doch Tugenden wie Pünktlichkeit, Sauberkeit und Qualität in vielen Generationen als erstrebenswert. Wir bewerten mit Noten und teilen in gut und schlecht ein.

Machen wir gedanklich einen kleinen Ausflug in das Schulsystem. Heute lernen viele junge Leute fast ausschließlich für ihre Noten. Sie wissen zum Teil gar nicht, wofür sie sich das aus ihrer Sicht unnütze Wissen aneignen sollen. Und dann wird, vielleicht aus Hilflosigkeit und weil keine bessere Antwort gefunden werden kann, von der älteren Generation argumentiert, dass sie damit auf das leistungsbezogene und bewertende System vorbereitet werden, das sie später im Berufsleben vorfinden werden. Aber die jüngere Generation ist viel mehr an Kommunikation und Austausch interessiert. Sie ist durchaus bereit, Leistung zu erbringen. Sie stellt sich jedoch die Rahmenbedingungen häufig anders vor, als sie diese in Unternehmen zum Teil noch vorfindet.

Im Unternehmen werden in der Praxis meist stärker althergebrachte Regeln als die proklamierten Werte hochgehalten. Regeln, die auch den Letzten, der noch fröhlich und motiviert zur Arbeit erscheint, demotivieren.

Und die Leistungsträger, die morgens glücklich zur Arbeit kommen, die Spaß haben, die Vertriebler, die eigentlich nur lächeln, wenn sie irgendwo anfangen, werden im Laufe der Zeit so eingedampft, dass sie die Spesenregeln beachten, dass sie die Arbeitszeitregeln beachten. Und wenn sie das nicht tun, sind sie nichts wert. Und ihre ganzen Talente und Leistungswerte sind kaputt.

[Da müssen ArbeitnehmerInnen] eine Tankkartenregelung befolgen und (…) im Umkreis von 40 km im Osten nachts eine Aral-Tankstelle suchen.

Und der Mensch kann nicht mehr. Der muss Datenschutzregeln, digitale Regeln, Verhaltensregeln, Arbeitszeitregeln, Regeln, Regeln, Regeln [einhalten] und manchmal sind die Regeln gar nicht mehr notwendig. Dann werden sie trotzdem noch beachtet.

Standortbestimmung

- Welchen Regeln begegnen Sie im Unternehmen, und wie passen diese zum Leitbild, das unternehmensintern und in der Außendarstellung vermittelt wird?

Es ist leicht, den Menschen als Mittelpunkt in Unternehmen zu proklamieren. Dies im Unternehmenskontext tatsächlich zu leben, scheint hingegen schwer. Vielleicht liegt das an der Vielschichtigkeit, die den Menschen ausmacht.

Grönemeyer besingt 2002 in seinem Lied „Mensch", aus dem gleichnamigen Album:

> „(…) der Mensch heißt Mensch,
> weil er vergisst, weil er verdrängt.
> und weil er schwärmt und stählt,
> weil er wärmt, wenn er erzählt.
> und weil er lacht, weil er lebt (…).
> der Mensch heißt Mensch,
> weil er irrt und weil er kämpft (…).
> und weil er schwärmt und glaubt,
> sich anlehnt und vertraut (…).
> der Mensch heißt Mensch,
> weil er erinnert, weil er kämpft,
> und weil er hofft und liebt,
> weil er mitfühlt und vergibt (…)" (Grönemeyer, 2002).[3]

Die Führungskraft ist Mensch!

Dazu gehören, wie Grönemeyer sehr schön deutlich macht, untrennbar alle ihre Emotionen, Werte, Erfahrungen und Prägungen.

Im Unternehmen findet jedoch nur eine Teilintegration statt. Das bedeutet, dass lediglich die Aspekte von Relevanz sind, die für die Ausübung der Rolle als Führungskraft nützlich sind.

Praxistipp

- Werden Sie sich Ihrer Werte neu bewusst und gleichen Sie diese mit den Unternehmenswerten ab.

---

[3] Herbert Grönemeyer (2002), Auszug aus dem Titel „Mensch". Mit freundlicher Genehmigung von Grönland Musikverlag.

- Kommunizieren Sie Unternehmenswerte an Ihr Team und überlegen Sie mit diesem gemeinsam, wie Sie die Umsetzung im Miteinander gestalten wollen.
- Prüfen Sie Regeln auf ihre Aktualität und schaffen Sie alle jene ab, die keine Relevanz haben.
- Entdecken Sie den Menschen in Ihrem Gegenüber.

Komprimierte Studienergebnisse

- Die Studie macht die notwendige Übereinstimmung der eigenen Werte mit den Unternehmenswerten deutlich.
- Allen befragten Führungskräften sind Werte aus der eigenen Biografie und Prägung auch heute noch wichtig und haben daher Relevanz im beruflichen Kontext.
- Alle befragten Führungskräfte legen Wert darauf, in den MitarbeiterInnen auch den Menschen als Gegenüber wahrzunehmen.
- Alle befragten Führungskräfte sehen die Notwendigkeit, den Sinn des Tuns zu erkennen und MitarbeiterInnen sinnstiftendes Wirken zu vermitteln.

3.2 Die Führungskraft in ihrer Rolle

Wir haben im Leben viele verschiedene Rollen inne. Sie sind Kind Ihrer Eltern, vielleicht Schwester oder Bruder, PartnerIn, Ehefrau oder Ehemann, Vater oder Mutter, TrainerIn in einem Sportverein, FreundIn, ElternsprecherIn. Sicher fallen Ihnen noch andere Rollen ein, die Sie füllen.

Auch Führungskraft zu sein ist eine Rolle. An jede Rolle sind Erwartungen geknüpft. Wie kann es gelingen, allen diesen Erwartungen gerecht zu werden? Vor allem dann, wenn diese nicht eindeutig bekannt sind? Gegenseitige Erwartungen werden zu selten ausgesprochen. Kein Wunder, dass es hier und da zu Missverständnissen oder Unstimmigkeiten kommt.

In Unternehmen bleiben Rollenanforderungen häufig diffus (vgl. Neuberger, 2002, S. 316). Die Vorbildfunktion der/des eigenen

Vorgesetzte/n wird daher umso bedeutsamer. Was Vorgesetzten wesentlich erscheint, wofür sie sich Zeit nehmen und wofür nicht, wie sie agieren und reagieren, prägt das Rollenverständnis der Führungskraft. Dabei wird wertvoll erlebtes Verhalten in das eigene Rollenbild übernommen, negativ erlebtes abgelehnt. Aus dem Verhalten einer Führungskraft lassen sich daher durchaus Rückschlüsse auf deren Vorgesetzte/n ziehen; ganz nach dem Motto: „Wie der Herr, so's Gescherr."

Führungskräfte nehmen ihre Vorgesetzten weitgehend positiv wahr.

(…) ich bin fast ein Klon davon (…) also wir sind sehr, sehr, sehr, sehr ähnlich, verstehen uns auch sehr, sehr gut.

(…) Das hat mir sehr imponiert, (…) wie es meine damalige Führungskraft gehandled hat. Das war schon für mich, ich will nicht sagen Vorbild, aber schon so eine Leitfigur, wie man sowas angehen und anpacken kann. (…) Da mir das sehr gut getan hat in meinem Tun, in meiner Entwicklung, möchte ich das auch genauso weitergeben.

Es gibt aber auch Negativvorbilder in den eigenen Biografien:

Ich hatte früher Chefs, (…) die waren für mich das beste leuchtende Vorbild, wie ich nie als Chef sein möchte. (…), dass ich gesagt habe: ‚Wenn ich jemals Personalverantwortung habe, dann weiß ich, auf was ich Wert legen werde, was ich nicht tun werde.'

Gelingt das Miteinander mit dem/der Vorgesetzten gut, dann ist das *wie geschnitten Butter*. In systemimmanenten Widersprüchen hängt vieles von genau diesem Miteinander ab und wie Kommunikation darin gestaltet wird.

Wertschätzung ist dabei für die Führungskraft (und nicht nur für sie!) neben monetären Anreizen das Wesentliche im Unternehmen. Eine Führungskraft, die ihre Rolle füllt und ihren Job kann, kann diesen auch in einem anderen Unternehmen ausführen. Wird sie aber von dem/der Vorgesetzten wertgeschätzt, gibt es weniger Grund, zu gehen.

Leider gerät häufig in Vergessenheit, wie wichtig Wertschätzung ist. So stellt ein Gutschein zu Weihnachten im privaten Leben schon nicht zwingend ein originelles Geschenk dar. Im Unternehmen ist er gelegentlich Ausdruck dafür, dass der/die Vorgesetzte sich wenig bis keine Gedanken über die/den Beschenkte/n gemacht hat. Investierte Zeit von Vorgesetzten kann hingegen ein weit wertvolleres Geschenk sein als jeder Gutschein.

Gerade Führungskräfte, die ihre Rolle gut füllen und daher wenig Unterstützung der Vorgesetzten benötigen, geraten schnell aus dem Blick. Wertschätzung kommt bei ihnen seltener an. Fehlt die Wertschätzung, wird das Vorbild in diesem Punkt zum Negativvorbild.

Die Führungskraft kann daran nur schwer etwas verändern. Welche Führungskraft geht schon zum/zur Vorgesetzten und sagt: „Mir fehlt das!"?

So bleibt die Hoffnung, dass die Vorgesetzten selbst darauf kommen und etwas ändern. Die Hoffnung stirbt bekanntlich zuletzt.

> **Standortbestimmung**
> - Wie können Sie das Wissen, dass Sie Vorbild sind, strategisch gezielter einsetzen?

Die diffuse Rolle der Führungskraft ist auch im Coaching immer wieder ein zentrales Thema. Aber auch Erfahrungen wie folgende, die einer der befragten Coaches berichtet, kommen vor:

(…) was ich erlebt habe war, dass ein Geschäftsführer mich beauftragt hat, mit seinem Abteilungsleiter zu sprechen (…): ‚Bitte sprechen Sie mit meinem Abteilungsleiter, der macht seinen Job nicht'. Und auf die Rückfrage: ‚Ja, was erwarten Sie denn von ihm? Haben Sie ihm denn das schon mal gesagt?', kam dann die Antwort: ‚Nein. Wenn ich ihm das erklären muss, dann ist er eh falsch auf der Position.'

Die Auswirkungen diffuser Rollenanforderungen sind besonders gut bei jungen Führungskräften zu beobachten. Sie üben neben ihrer Rolle als Führungskraft weiterhin bislang erbrachte fachliche Aufgaben aus (vgl. Herzka, 2013, S. 75). Aus diesen ziehen sie Lob und Anerkennung. Sie sind wie ein Anker, der ihnen Halt gibt.

Wenn nicht klar definiert ist, was die neue Rolle „Führung" beinhaltet, können Aufgaben der Führung nur schwer eingeübt werden. In der Rolle der Führungskraft bleibt der Erfolg am Ende eines Tages weit weniger sichtbar, als bei bislang ausgeübten fachlichen Arbeiten. Im Coaching hören wir immer wieder: „Was habe ich heute eigentlich geschafft? Ich habe den ganzen Tag in Meetings oder MitarbeiterInnengesprächen verbracht. Zu meiner eigentlichen Arbeit komme ich gar nicht." Im Umgang mit MitarbeiterInnen wird dabei geführt, *wie sie das halt so kennen, vom Schulhof, vom Studium, von zu Hause.*

Hier ist ein Umdenken erforderlich. Führung beinhaltet ein hohes Maß an Kommunikationsaufgaben. Das ist die „eigentliche" Arbeit.

Immer wieder beklagen oder rechtfertigen sich Führungskräfte, dass sie Führung ja nicht gelernt haben. In unserer Tätigkeit als Coaches können wir nur fragen: „Warum eigentlich nicht?" Im Coaching wird dann nachgeholt, was bislang versäumt wurde.

Viele Führungskräfte sind in ihre Rolle irgendwie hineingerutscht, weil sie gut in ihrem Job waren und Talent hatten. Aber nun sollen sie nicht mehr selbst für guten Output sorgen, sondern ihre MitarbeiterInnen so führen, dass diese das nun tun. Führung soll dabei professionell und strategisch erfolgen und zur Wertschöpfung des Unternehmens beitragen, ohne dass die Führungskraft sich dabei selbst zugrunde richtet.

Eindeutige und ausgesprochene Erwartungen können der Führungskraft helfen, sich besser in ihrer Rolle zurechtzufinden. Unsere Erfahrung als Coaches zeigt, dass in Unternehmen sowohl exakte, schriftlich festgehaltene Erwartungen existieren als auch mehrdeutige und vage formulierte. Mit letzteren sehen sich Führungskräfte am häufigsten konfrontiert.

Aus der Sicht der Führungskraft: Was ist meine Aufgabe?

Rolf, 34 Jahre, Teamleiter. Branche: Handel

Wir sitzen beim Mittagessen zusammen. Ein junger Kollege fragt, ob uns unsere Rolle und die daran geknüpften Erwartungen eigentlich klar sind. Vom Tischende kommt ein: *„Das ist jetzt ein ganz schwieriges Thema."*
Ich wundere mich. Was soll daran schwierig oder unklar sein? *„Ich definiere die teilweise selbst, die Rolle (...), und die Freiheiten habe ich auch"*, antworte ich. Der junge Kollege blickt mich etwas irritiert an. „Ist dir nicht klar, welche Erwartungen an dich gerichtet sind?", frage ich daher zurück.

„Nein, also das ist mir sicherlich nicht immer klar (...)", bekomme ich als Antwort. Michael, ein älterer Kollege und bereits seit vielen Jahren im Unternehmen, schaltet sich in das Gespräch ein. Ihm sei immer klar, was von ihm erwartet würde. Die Aufgabengebiete seien definiert und alle Führungskräfte haben ein Team zu führen. Er gibt dem jungen Kollegen den Rat, seine Aufgaben schnellstmöglich mit seinem Vorgesetzten abzuklären.

Ich habe den Eindruck, dass wir es dem jungen Kollegen mit unseren Antworten eher schwerer als leichter machen. Ich halte die Stille einen Moment aus, bevor ich nachsetze: „Worin liegt denn genau das Problem?"

„Also, ich verstehe das gut", kommt die Stimme vom Tischende. „Seid doch mal ehrlich. Es gibt genug Situationen, in denen auch wir keinen blassen Dunst haben und einfach machen, was wir für richtig halten, oder nicht? Und was ist unsere Messlatte, ob wir richtig liegen? Naja, es hat keiner mit uns gemeckert, also werden wir wohl alles richtig gemacht haben. So läuft es doch. Maximal die Hälfte der Führungskräfte oder auch unsere Vorgesetzten besitzen die Fähigkeit, ihre Erwartungen klar zu äußern. Manchmal muss man doch schon glauben, dass die selbst nicht wissen, was sie wollen. Heute hü, morgen hott. So läuft das."

Der junge Kollege scheint sich verstanden zu fühlen.

Wie soll ich das sagen? Ich glaube, manchmal weiß ich selbst nicht so, was von mir erwartet wird. Da frage ich mich schon: ‚Was soll ich denn jetzt machen?' Aber ich denke, dass meine Rolle einfach auch noch ein Spagat ist (...). Also, ich glaube, dass es da nicht so die Lösung gibt.

Michael hält dagegen: „Wir haben uns um unser Team zu kümmern. Das ist unser Job. Und wir machen es unseren Leuten so einfach und klar wie möglich. Ich halte ihnen den Rücken frei. Das erwarten sie von mir. Sie müssen wissen, in welchem Rahmen sie sich bewegen können. Und den festzulegen, nehme ich im Zweifel auf meine Kappe."

Ich kann mich durchaus auch an Momente erinnern, in denen ich mich verloren gefühlt und gehofft habe, dass ich die Erwartungen erfülle. Und das aus Unkenntnis, weil sie nie jemand geäußert hat.

„Manchmal würde ich es auch gerne hören. Und nicht nur, ich mach das jetzt, weil ich denke, dass ich es machen soll oder machen muss. Ich würde auch manchmal gerne von einem Vorgesetzten hören: ‚Das ist jetzt dein Part und da hast du auch Rückendeckung'", werfe ich in den Raum.

> „Ja, das wäre gerade dann hilfreich, wenn es gegensätzliche Aussagen gibt", antwortet der junge Kollege. Michael lacht. „Wenn alles im Einklang laufen würde, hätten wir ja niemals Probleme. Das ist eben auch unser Part, dass
>
> *wir mit den Widersprüchen und den daraus resultierenden Konflikten mit den Menschen dann letzten Endes umgehen. Und darüber hinaus das Ganze dann irgendwie in Systeme und Strukturen (…) verpacken.*
>
> Vielleicht überlegst du dir das mit der Führungskraft nochmal", sagt er lachend und verabschiedet sich zurück an seinen Arbeitsplatz.
> „Du brauchst ja nicht das Unternehmen auf den Kopf stellen", wende ich mich unterstützend an den jungen Kollegen. „Es reicht doch völlig, wenn du für dich Klarheit hast und für deine Leute in deiner Abteilung."
> Der junge Kollege steht auf. „Dann will ich mal hoffen, *dass mir mein Gegenüber eine Möglichkeit gibt, herauszufinden, was er tatsächlich will und wie ich ihm gerecht werden kann.*"
> Ich lächle ihn ermutigend an. Er wird seinen Weg schon gehen.

Nicht selten gestalten sich Rollenerwartungen auch dadurch diffus, dass es zwar klare Handlungskompetenzen, aber keine eindeutigen Entscheidungskompetenzen gibt. Manchmal werden sie auch schlichtweg nicht kommuniziert.

Wer trägt wofür die Verantwortung? Diese Frage ist gerade an Schnittstellen zu Vorgesetzten oder MitarbeiterInnen, aber auch zu KollegInnen entscheidend. Wenn Verantwortungsbereiche nicht klar definiert sind, gerät die Führungskraft schnell zwischen die Stühle der Verantwortlichkeiten von Beteiligten und das bringt häufig Missverständnisse oder Ärger mit sich. Überträgt sich die Führungskraft selbst eine gewisse Entscheidungskompetenz, weil diese nicht eindeutig durch Vorgesetzte geklärt wurde, kann es zu Entscheidungskorrekturen durch die/den Vorgesetzte/n kommen. Dies schadet jedoch meist der Autorität der Führungskraft in ihrer Rolle.

Die Rolle der Führungskraft ist nicht auf einseitig gestellte Erwartungen festgelegt, sondern als wechselseitig zu verstehen (vgl. Blumer, 1980). Die Führungskraft bestimmt die Rolle mit. Die Rolle ist dabei aber nicht an eine bestimmte Person geknüpft. Um den Fortbestand eines Unternehmens zu sichern, ist dieses daran interessiert, die Bindung an Einzelne möglichst gering zu halten (vgl. Castoriadis, 1997, S. 164).

3 Die Führungskraft im systemischen Umfeld

Lassen Sie uns an dieser Stelle mit dem immer noch verbreiteten Wunsch aufräumen: Dem Wunsch, unentbehrlich zu sein. Führungskräfte, die sich für unentbehrlich halten, bekommen irgendwann schmerzlich zu spüren, dass dies ein Trugschluss ist. Vielleicht kennen Sie das. Wenn Sie nur einmal für einen längeren Zeitraum ausfallen, wird schnell deutlich: Das Rad dreht sich weiter. Auch ohne Sie.

Die Auffassung der Entpersonalisierung in der Organisationsforschung wurde bereits von Max Weber (1976) geprägt. Das Unternehmen existiert demnach durch Handlungen sowie durch Kommunikation, die nicht an bestimmte Menschen gebunden sind. Aufgabe der Führungskraft ist, die Interaktion zu gewährleisten (vgl. Herzka, 2013, S. 44).

Mit der stärker werdenden Komplexität der Arbeitswelt verändert sich die Rolle der Führungskraft. Neuere Modelle gehen daher weg von der altbekannten Hierarchie. Sie verstehen Unternehmen als lebendigen Organismus und tendieren zur Wabenorganisation (vgl. Fechtner et al., 1996, S. 73) als dynamische Aufbauorganisation (Fechtner et al., 1996, S. 64).

Wenn Sie sich aktuelle Stellenanzeigen anschauen, werden Sie im Werbetext für neue Führungskräfte immer wieder die Aussage finden: Flache Hierarchien. Es scheint erstrebenswert, aus dem althergebrachten Hierarchiedenken auszubrechen. Ob flache Hierarchien die Rolle der Führungskraft deutlicher definieren, sei einmal dahingestellt. Definitiv lassen sie aber soziale Kompetenzen wichtiger werden.

Führungskräfte werden selten wegen fehlender Fachkompetenz entlassen. In der Regel sind mangelnde soziale und kommunikative Kompetenz Grund dafür. Als Coaches blutet uns hier das Herz, denn diese Kompetenzen sind weitgehend erlernbar und müssten in vielen Fällen kein Kündigungsgrund sein.

Wie gehen Unternehmen aber damit um, wenn Rollenerwartungen deutlich kommuniziert sind, Teilanforderungen aber unerfüllt bleiben? So soll z. B. eine Nachwuchs-Führungskraft laut Erwartungen alle internen Systeme beherrschen und im Büro spezielle Verwaltungsaufgaben erfüllen sowie das Kundenmanagement draußen vor Ort gewährleisten. Und nach spätestens einem Jahr heißt es: „Der Welpenschutz ist vorbei. Jetzt muss er/sie die Systeme beherrschen."

Tut er/sie aber nicht. Und was nun? Dann ist er/sie wohl nicht der/die Richtige für diesen Job. Die Führungskraft ist aber wenig technikaffin, dafür ein/e exzellente/r KundenmanagerIn. Bei einer anderen Führungskraft ist das genau umgekehrt. Wenn jeder der beiden die Rollenerwartungen nur teilweise erfüllen kann, sind beides „schlechte" Führungskräfte, denen suggeriert wird, dass sie das noch vorhandene Defizit aufzuarbeiten haben. Die Führungskräfte sind unglücklich, die Leistung bleibt unter den Erwartungen, die Motivation sinkt.

Wie wäre es aber, wenn jede/r der beiden das tut, was er/sie kann und liebt? Wir haben es ausprobiert. In einem kleinen Team strukturierten wir in Abstimmung mit der Geschäftsführung Rollen um und definierten sie nach den Begabungen der Führungskräfte neu. Damit setzten wir direkt an der Wertschöpfungskette des Unternehmens an.

Es kann in einem solchen Prozess der Rollendefinition auch ausschließlich Gewinner geben!

> **Standortbestimmung**
> - Was wäre, wenn Unternehmen sich mehr an dem Potenzial der Führungskraft orientieren und weniger an festgelegten Mustern?
> - Wie wäre es, wenn wir beginnen, Rollen neu zu definieren? Bedeutet das Chaos oder Chance?

Uneindeutige Erwartungen an die Rolle führen häufig zu Konflikten. So kennen Führungskräfte z. B. widersprüchliche Anforderungen durch eine/n Vorgesetzte/n. Ebenso können von unterschiedlichen Vorgesetzten sich widersprechende Erwartungen an die Führungskraft herangetragen werden. Ein Loyalitätskonflikt entsteht. Und was dann? Die Führungskraft befindet sich mitten im systemimmanenten Widerspruch.

> **Aus der Sicht der Führungskraft: Loyalität oder Hierarchie?**
> Karl, 45 Jahre, Abteilungsleiter. Branche: Handel
>
> Ich bin ziemlich genervt. Ich achte darauf, dass meine Kollegen das nicht ungerechtfertigt abbekommen. Nur Dieter, den ich schon aus der Zeit kenne, bevor wir beide hier im Unternehmen eingestiegen sind, spürt

eine Veränderung an mir. Ihm kann ich einfach schlecht etwas vormachen. Eigentlich tut das gut, dass ich mich bei ihm nicht verstellen muss.

Mein Frust platzt heraus: „Du weißt doch selbst, wie das manchmal läuft. *Der Vorstand will das, meine direkte Führungskraft will das. (…) Was mache ich denn jetzt?"*

Ich erwarte keine Antwort auf meine Frage. Ich weiß sowieso, dass ich das selbst lösen muss. „Oh Mann, das hatte ich zuletzt in der Corona-Zeit." Dieter rollt mit den Augen. „Die klare Ansage von oben war: ‚Schickt die Leute ins Homeoffice.' Mein Vorgesetzter vertrat die Haltung: ‚Homeoffice, oh, ganz schwierig!'"

Ich muss fast lachen, erinnere ich mich doch zu gut an die vielen Debatten um dieses Thema. Damals war uns allerdings nicht zum Lachen zumute. *Keiner wusste (…): Darf ich? Soll ich? Muss ich? Da haben sich die Mitarbeiter auch teilweise eine klare Aussage gewünscht (…).* Da sich auch die gesetzlichen Vorgaben ständig änderten, war das für Vorgesetzte und die Geschäftsführung wirklich schwierig. Uns als Führungskräften halfen widersprüchliche Aussagen nicht weiter. Wir wünschten uns alle, wir hätten im Unternehmen nicht so eine *Wischiwaschi-Kommunikation.*

„Weißt du, es ist gerade echt haarig. Wir haben da so ein Thema wegen Daten. Mein Vorgesetzter sagt: ‚Nee, das machen wir so nicht. Wir verwenden die nur intern.' Die Geschäftsführung aber sagt:

‚Mach. Kein Problem. Mach.' So. Und dann ist das auch irgendwo ein rechtlicher Spagat, den man da hat. Man ist eigentlich gefühlt auf der Seite der Führungskraft und sagt: ‚Das sehe ich auch so. Können wir nicht verwenden', und wenn dann von oben einer kommt und sagt: ‚Mach. Nimm das', dann ist es halt schon schwierig."

Dieter klopft mir auf die Schulter. „Was soll ich dazu sagen!" „Nichts", antworte ich. Wir wissen beide: Unsere Aufgabe als Führungskraft ist, in diesen Widersprüchen zu arbeiten. Wohlwissend, dass wir jemanden verärgern, wenn wir uns für eine Seite entscheiden.

Und ich bin sicher: Dieter will in dieser Situation gerade nicht mit mir tauschen.

Standortbestimmung

- Wie klar und eindeutig ist Ihre Kommunikation im Blick auf Rollenerwartungen?

Wenn wir über Rollen sprechen, sollte eine Frage gestellt sein dürfen: Wie oft zerreißen Sie sich zwischen den Rollen in Ihrem Leben?

Als Führungskraft haben Sie ein hohes Maß an Verantwortung. In Kombination mit anderen Rollen kann dies schnell zur Zerrissenheit führen.

Julia ist Mutter von zwei Kindern, Ehefrau und Führungskraft. Lassen Sie uns Julia ein Stück begleiten:

> **Aus der Sicht der Führungskraft: Job und noch viel mehr**
>
> Julia, 37 Jahre, Teamleiterin. Branche: Handwerk
>
> Ich komme müde und frustriert nach Hause. Ich mag meinen Job, aber seit drei Monaten ist der berufliche Alltag extrem mühsam geworden. Thomas hat mir etwas vom Abendessen aufgehoben. Ich bringe erst noch die Kinder ins Bett. Wieder viel zu wenig Zeit mit ihnen, heute. Ich fühle mich zerrissen zwischen Beruf und Familie. Als sei das nicht auch sonst schon schwer genug, alles unter einen Hut zu bekommen, habe ich derzeit das Gefühl, weder meinem Anspruch als Mutter noch dem an meinen Job gerecht werden zu können.
>
> Wie gut, dass morgen Samstag ist. Ich brauche das Wochenende dringend. Ich nehme mir vor, auszuschlafen. Um 5:00 Uhr bin ich wach, an Schlaf ist nicht mehr zu denken. Ich stehe auf und habe bereits die Wäsche erledigt und Mails geschrieben, als Thomas zum Frühstück erscheint.
>
> „Schatz, wie lange soll das noch so weitergehen? Du machst dich ja völlig kaputt." „Ich weiß", antworte ich traurig und frustriert.
>
> Einer meiner Mitarbeiter ist vor Wochen erkrankt, ob er überhaupt wiederkommen wird, ist fraglich. Viele seiner Arbeiten fange ich seitdem auf. Irgendjemand muss sie ja erledigen. Seit Monaten komme ich abends keinen Tag mehr pünktlich nach Hause. Und morgens bin ich eine der ersten, die in der Firma ist. Meine Familie sieht mich nicht mehr viel. Private Dinge wie Sport oder Treffen mit Freunden – die habe ich schon vor Wochen aufgegeben. Mir fehlt die Zeit und vor allem die Kraft dazu.
>
> Dass es so nicht weitergehen kann, ist mir bewusst. Aber was soll ich machen? Der Chef sagt: „Wir warten mal noch ab, wie sich das entwickelt." Vor einigen Tagen habe ich ihn angesprochen, ob es nicht sinnvoll wäre, einen neuen Mitarbeiter einzustellen. Ich bekam zu hören, dass der Zeitpunkt denkbar ungünstig sei. Es gäbe eh kaum Leute auf dem Markt. Außerdem würde das die Kostenstruktur belasten.
>
> Wie aber soll ich die Produktivität gewährleisten, wenn die Ressourcen dafür nicht zur Verfügung stehen? Ich rackere mich ab und die fehlenden

3 Die Führungskraft im systemischen Umfeld

Ressourcen werden auf meinem Rücken ausgetragen. „Danke" sagt niemand. Diese Situation macht mich mittlerweile wirklich wütend.
„Ich werde mir irgendwie selbst nicht mehr gerecht und euch erst recht nicht", wende ich mich an Thomas. „Ich nehme mir so viel vor und

> *habe ein Ziel, eine Zielvereinbarung übergeordneter Art mit meinem Vorgesetzten oder eben mit dem Unternehmen und sage: ‚Das wollen wir vorantreiben.' Und das sind eigentlich meine persönlichen Themen, die ich vorantreiben muss. Und dann kommen (…) andere Themen rein, Tagesgeschäft, die das plötzlich völlig aus dem Ruder laufen lassen. (…) das sind natürlich meine (…) Zielkonflikte (…), die ich irgendwie mit mir auch austragen muss."*

Thomas nimmt mich in den Arm und drückt mir einen Kuss auf die Stirn. „Du musst gar nichts allein austragen." Ich lächle ihn an. „Ja, ich weiß, ich habe dich. Aber in der Firma bin ich mit meinen Themen eben doch allein."
Die Kinder kommen die Treppe heruntergesprungen, die Jüngste mit Rucksack und Teddy unter dem Arm. Sie freuen sich auf das Wochenende bei den Großeltern. Ich erschrecke über das Gefühl der Freude, dass die Kinder nicht zu Hause sein werden. Damit habe ich den Rücken frei, mich an berufliche Sachen zu setzen, damit die Arbeit mich am Montag nicht gleich wieder überrollt. Bin ich eine schlechte Mutter? Meine Gedanken kreisen seit Monaten auch zu Hause um die berufliche Situation. Abschalten gelingt schon lange nicht mehr.
„Ich weiß doch, dass du gut strukturiert bist und deinen Tag organisieren kannst", reißt Thomas mich aus den Gedanken. „Aber seit Monaten merke ich:

> *Oh, der Tag reicht heute nicht (…). Und was macht man an der Stelle? (…) Man schiebt die Aufgaben weg, die sich einfach schieben lassen. (…) Aufgaben, an denen ich persönlich arbeite, die schiebt man dann mal nach hinten.*

Und alles Private auch", erwidere ich.
„Dann wird es Zeit für Plan B." Ich schaue Thomas fragend an, aber er signalisiert, dass damit alles gesagt sei und widmet sich dem Orangensaft und seinem Frühstücksei.
Wie die Geschichte von Julia weitergeht, lesen Sie in Abschn. 5.1.2.

Vielleicht erleben Sie Julias Zerrissenheit so oder in ähnlicher Form selbst. Mit der Rolle der Führungskraft scheint einherzugehen, dass der übernommene Verantwortungsbereich nicht immer ausreichend Raum für andere Rollen im Leben lässt. Noch vor Jahren wurde z. B. darüber diskutiert, ob es sich (vor allem männliche) Führungskräfte leisten können, in Elternzeit zu gehen. Heute gehört dies zur gelebten Praxis. Und es funktioniert.

Die Zeiten ändern sich und damit auch bislang festgelegte Rollen. Umso wesentlicher ist, diese klar zu definieren.

Praxistipp

- Kommunizieren Sie Rollenerwartungen klar und eindeutig.
- Bleiben Sie flexibel und lassen Sie Freiräume, Rollenerwartungen ggf. am Potenzial der Führungskraft nachzujustieren.
- Definieren Sie Führung und üben Sie diese mit Nachwuchsführungskräften ein.
- Seien Sie sich als Führungskraft bewusst, dass Sie Vorbild sind! In allem Tun und Unterlassen. In jeder Situation. In allem Reden und Schweigen. Leben Sie Führung als positives Vorbild.
- Nehmen Sie sich Zeit für die Menschen, die Ihnen anvertraut sind.

Komprimierte Studienergebnisse

- Die befragten Führungskräfte definieren ihre Rolle weitgehend selbst.
- Mehr als ein Drittel der befragten Führungskräfte antwortet auf die Frage, ob die Rollenerwartung im systemimmanenten Widerspruch deutlich sei, mit einer Verneinung.
- Alle Führungskräfte wünschen sich, dass Vorgesetzte ihre Erwartungen eindeutig(er) aussprechen.
- Die Führungskräfte verstehen ihre Rolle im Sinne einer dienenden Führung. Die Maxime des Handelns ist, Impulsgeber und Unterstützer zu sein.
- Es ist die Aufgabe der Führungskraft, Widersprüche und unausgesprochene Rollenerwartungen zu kompensieren.

- Das eigene Geführtwerden hat bei allen befragten Führungskräften große Bedeutung. Unterschiede im Führen und Geführtwerden sind gering, aber entscheidend, wenn es z. B. um den Mangel an Wertschätzung geht.
- 67 % der befragten Coaches sind überzeugt, die Führungskraft führe weitgehend so, wie sie selbst geführt wird. Dabei wirken prägende Einflüsse wie z. B. das Elternhaus mit den dort vermittelten Werten mit hinein.

3.3 Die Führungskraft im System mit systemimmanenten Widersprüchen

Nachdem wir bislang die Führungskraft als Mensch und in ihrer Rolle betrachtet haben, wenden wir uns nun dem Unternehmen zu, in dem die Führungskraft agiert.

Unternehmen werden als komplexe Systeme mit ihren Umwelten verstanden (vgl. St. Galler Managementmodell, Ulrich & Krieg, 1972) und setzen sich, abstrakt formuliert, aus Handlungen und Kommunikation zusammen.

Jedes System hat seine eigenen Regeln, nach denen es funktioniert und seine Ziele verfolgt. Diese Regeln dienen dem Erhalt des Systems und der Abgrenzung gegenüber anderen Systemen. Ein besonderes Phänomen sind Regeln oder Unternehmensvorgaben, die einen Widerspruch bilden.

Wahrscheinlich haben Sie als Führungskraft dieses Phänomen schon mehrfach erlebt:

Innerhalb des Systems Unternehmen gibt es Erwartungen bzw. Anforderungen, die in gegensätzliche Richtungen weisen. Systemimmanent sind diese Widersprüche dann, wenn sie aus dem System des Unternehmens heraus, z. B. aus dem Geschäftszweck, entstehen. Es geht um logische Unvereinbarkeiten, die sich bedingen, gleichzeitig aber ausschließen. So hat die Entscheidung für eine Seite des Widerspruchs immer die Vernachlässigung der anderen Seite zur Konsequenz. Beide sind dabei am Nutzen für das Unternehmen orientiert, was die Auflösung der Situation zu einer Seite hin erschwert.

Es wäre zu einfach, mit dem Verweis auf die Grundlagen der Betriebswirtschaft, die Schuld der Existenz von systemimmanenten Widersprüchen allein der unvernünftigen, gleichzeitigen Kombination von Minimal- und Maximalprinzip[4] zuzuweisen. Diese ist aber nicht überall auszuschließen. Die möglichst optimale Führung eines Unternehmens bedeutet ein ständiges Abwägen der unterschiedlichen inneren und äußeren Einflussfaktoren. Von daher überrascht es nicht, dass die Führungskraft sich mit systemimmanenten Widersprüchen auseinanderzusetzen hat, die zwangsläufig zum Unternehmensalltag gehören (vgl. Neuberger, 2002, S. 341). Dies belegen die Interviews der diesem Buch zugrunde liegenden Studie.

Auch in den wissenschaftlichen Bezügen herrscht Einigkeit über die Existenz systemimmanenter Widersprüche, wie Werke von z. B. Fontin (1997), Herzka (2013), Bieri (2019) u. a. zeigen.

Wie äußern sich systemimmanente Widersprüche im unternehmerischen Alltag? Sie haben in allen untersuchten Fällen eine Wirkung im operativen Handeln der Führungskraft. Das ergibt sich daraus, dass sich die Aufgaben der Führungskraft aus den Unternehmensvorgaben ableiten. Wenn nun beide Pole eines Widerspruchs dem Unternehmensziel dienen, dann landet der Widerspruch automatisch im Handlungsfeld der Führungskraft.

Die Bewältigung von Widersprüchen wird in Unternehmen der Rolle der Führungskraft zugeschrieben (vgl. Herzka, 2013), was sie unter erheblichen psychischen Druck bringen kann (vgl. Neuberger, 2002, S. 351). Lediglich die Hälfte der befragten Führungskräfte schätzen Widersprüche im eigenen Erleben als sachliches Problem ein. Dennoch wird auch bei diesen ein hohes Maß an emotionaler Beteiligung deutlich, wenn sie darüber berichten.

Systemimmanente Widersprüche werden dabei häufig personalisiert, d. h. die Führungskraft übernimmt die Lösungssuche des systemischen Problems als persönliche Aufgabe. Die Führungskraft erlebt die Unlös-

---

[4] Wirtschaftlichkeitsprinzip. Minimalprinzip: Grundsatz, dass ein bestimmter Erfolg mit dem geringstmöglichen Mitteleinsatz erzielt werden soll. Maximalprinzip: Grundsatz, dass mit einem bestimmten Mitteleinsatz der größtmögliche Erfolg erzielt werden soll (vgl. Gabler Wirtschaftslexikon, 2018).

barkeit als eigene Verantwortung. Somit wird der Widerspruch zu einem sehr persönlichen Problem, das die Führungskraft in ihrem Selbstwert und in all ihren Emotionen treffen kann.

Der Mensch neigt dazu, Konsistenz zu erzeugen und Spannungen aufzulösen (vgl. Müller-Christ, 2007, S. 132). Das bedeutet im Widerspruch, eine Entscheidung für eine der beiden Seiten zu treffen. Es bleibt jedoch die Problematik, dass es speziell im systemimmanenten Widerspruch nicht möglich ist, eine befriedigende Auflösung herbeizuführen. Allein die für eine Entscheidung notwendige Informationsbeschaffung und -verarbeitung im Widerspruch stellt eine Herausforderung dar, wenn dieser nicht analytisch greifbar wird, sondern sich häufig eher emotional bemerkbar macht.

Wenn die Führungskraft Spannungen nicht adäquat verarbeiten kann, stellen systemimmanente Widersprüche unter Umständen eine Gefahr für die Stabilität von Unternehmen dar. So wird gelegentlich gerade der Pol im Widerspruch vernachlässigt, der in der aktuellen Situation stärker verfolgt werden müsste. In manchen Fällen fühlt sich die Führungskraft mit der Problematik derart überfordert, dass ihre Leistungsfähigkeit leidet. Hält diese Situation länger an, kann es zu Ausfällen bis hin zur Kündigung kommen.

> **Aus der Sicht der Führungskraft: Da waren sie wieder – meine zwei Probleme**
>
> Sven, 42 Jahre, Teamleiter. Branche: Versicherungen
>
> Als hätte ich nicht schon genug mit meinen Aufgaben und MitarbeiterInnen zu kämpfen. Die Arbeitsbelastung wird immer größer. Mal eben wurde ein neues IT-System eingeführt und das Team soll ich auch noch bei Laune halten, obwohl durch die vielen Krankheitsausfälle jeder am Stock geht. Und jetzt das noch:
>
> *Wir haben gerade eine Mitteilung bekommen, aufgrund der steigenden Corona-Infektionszahlen, dass (...) alles nur noch von Zuhause stattzufinden hat und online. Und gerade in meinem Geschäft mit [älteren Ansprechpartnern] irgendwo in Buxtehude, weit hinter den Bergen, hast du keinen Online-Anschluss, und so ein alter*

> *Mensch setzt sich auch nicht irgendwie in ein Online-Meeting um einen Vertrag zu besprechen. (...) Ich habe Mitarbeiter, die aufgrund ihres Alters schon allein zur Risikogruppe zählen.*
>
> *Wir haben einen hart umkämpften Markt, wo man nicht sagen kann: ‚Okay, komm, dann ziehen wir uns jetzt einfach mal ein halbes Jahr bis Jahr zurück und überlassen den Markt denjenigen, die weniger Angst vor Ansteckung haben oder vor all dem, was da folgt', sondern da geht es um die Wurst. Und wir können die Hände nicht in den Schoß legen. (...) Ich möchte mir nicht ausmalen, dass einer meiner Mitarbeiter schwer erkrankt wegen eines wichtigen Vertragsabschlusses.*
>
> *Also das ist für mich als Führungskraft tatsächlich gerade eine ziemlich hohe Belastung, meine Mitarbeiter zu schützen und gleichzeitig (...) das Unternehmen jetzt nicht in den Stillstand zu bringen, denn das lässt sich kaum aufholen, wenn wir jetzt ein halbes Jahr bis Jahr nichts draußen machen. Also das geht nicht, und das ist schwierig gerade für mich, das muss ich tatsächlich sagen.*
>
> Meine Chefin hilft mir da auch nicht wirklich weiter. Was soll sie auch tun? Einerseits müssen wir Ergebnisse bringen – das ist ja klar! Andererseits sind uns die Mitarbeiter aber auch wichtig.
> Da waren sie wieder – meine zwei Probleme.
> Wie die Geschichte von Sven weitergeht, lesen Sie in Kap. 4.

Die Aufgaben der Führungskraft im Unternehmen mögen auf das spezielle Fachwissen und die Branche bezogen durchaus unterschiedlich sein. Das Führen von Menschen bleibt aber als Kernaufgabe in Vielem vergleichbar. Von daher überrascht es nicht, dass auch die Ergebnisse der Studie zum kommunikativen Verhalten in systemimmanenten Widersprüchen über die unterschiedlichen Branchen und Unternehmensgrößen hinweg konsistent sind.

Aber nicht nur das System Unternehmen als solches produziert Unvereinbares, sondern auch die Führungskraft selbst. So fordert eine befragte Führungskraft, die einerseits geringe Hierarchien schätzt und sie als Faktor für die Zufriedenheit im Unternehmen nennt, gleichsam mehr Hierarchie zur Bindung der Mitarbeiter durch Karrierechancen. Ebenso wird die offene Kommunikation und das Vertrauen betont, bis zu der Forderung des unvereinbaren Verhaltens: Die Mitarbeiter sollen kommunizieren, dass sie nicht kommunizieren können.

Ich hätte gerne, dass man mir das sagt, dass man sich traut zu sagen: ‚Hör zu, ich habe bei dir Angst, folgende Themen anzusprechen.'

Systemimmanente Widersprüche sind jedoch nicht nur problematisch. Sie können auch als Chance verstanden werden, Unternehmen flexibel und überlebensfähig zu halten. Letztlich stellen sie eine Möglichkeit dar, Unternehmen in einem ständigen Überprüfungs- bzw. Regelprozess zu optimieren.

Schauen wir uns die von den InterviewpartnerInnen erlebten und benannten Widersprüche genauer an.

Loyalität vs. Hierarchie Führungskräfte beschreiben den Widerspruch, dass einerseits die Hierarchie des Unternehmens eingehalten werden soll und gleichzeitig die Loyalität mit dem eigenen Team oder der eigenen direkten Führungskraft erwartet wird.

Es gibt halt manchmal gewisse Entscheidungen, die nicht konsistent mit vorherigen Entscheidungen oder auch unseren Werten sind. (…) z. B. hatte ich eine Mitarbeiterin, die wollte ein berufsbegleitendes Studium machen, und wir haben den Modus, dass die Firma da die Hälfte bezahlt. Und ich hatte es ihr auch zugesagt. Und dann kam unser HR-Leiter und sagte: ‚Nee, die sehe ich nicht im Studium.'

Geschwindigkeit vs. Qualität Führungskräfte erleben es als Widerspruch, dass einerseits die Qualität der Arbeitsergebnisse enorm hoch sein soll, andererseits diese Ergebnisse möglichst schnell erreicht werden müssen.

[Das ist] aber auch ein Widerspruch in sich. Ich muss schnelle Rückmeldung geben, schnell kommunizieren, Klarheit schaffen und trotzdem muss es ausgewogen, qualitativ und nachhaltig sein.

Eine/r der befragten Coaches beschreibt das wie folgt:

Oft geht es ja dann tatsächlich darum, dass man die Zeit eben im Unternehmen so gar nicht hat, (…) alles ruhig zu durchdenken, um dann zu einem Ergebnis zu kommen. Sondern, da sind die Menschen ja oft Getriebene, weil die Taktung heutzutage ja so extrem zugenommen hat.

Geringe Leistung vs. Unentbehrlichkeit von Know-how Der erlebte Widerspruch besteht darin, dass MitarbeiterInnen trotz fehlender persönlicher Leistung aufgrund ihres Know-hows gehalten werden, obwohl das restliche Team inkl. der Führungskraft darunter leidet.

Eigentlich glaube ich, man möchte ihn [den Mitarbeiter] nicht komplett verärgern, weil, man möchte ja auch noch seine Kundschaft behalten. Das hat schon irgendwo den Charakter: Wir wollen ihn nicht verärgern, damit nicht noch mehr kaputt geht. Und auf der anderen Seite sagt man: ‚Okay wenn wir den einen jetzt nicht verärgern, müssen wir das auf dem Rücken der [Führungskraft] austragen.'

Eine/r der befragten Coaches beschreibt das wie folgt:

Die Erfahrung, die sie [die Führungskräfte] oft ansprechen ist ja die, dass sie den Menschen erdulden, weil er eine Gewinnsteigerung des Unternehmens verursacht.

Produktivität vs. Ressourcen Führungskräfte stehen im Widerspruch der wachsenden Anforderungen und der dafür nicht ausreichend bereitgestellten Ressourcen.

(…), dass ich Sachen nicht rechtzeitig erledige, die ich eigentlich schon längst hätte erledigen sollen, weil die dann einfach zu kurz kommen, weil ich einfach zu wenig Zeit dafür finde, sie dann auch zu machen.

Eine/r der befragten Coaches beschreibt das wie folgt:

Ich denke gerade an jemanden, der in seinem Führungsalltag Schwierigkeiten hatte. Und dann haben wir lange hin und her überlegt, bis wir irgendwann rausbekommen haben, dass er immer an zwei Chefs berichten muss, oder an drei, glaube ich sogar. (…) und jeder wollte von ihm 100 Prozent Leistung haben, in dem Wissen, dass er nur ein Drittel kriegen kann. Und das war ein Systemfehler.

Nähe vs. Distanz Der Widerspruch besteht darin, dass die Führungskraft einerseits als Teil des Teams mit den MitarbeiterInnen auf Augenhöhe agieren soll, aber andererseits die hierarchische Überlegenheit und eine gewisse Distanz aufrechterhalten soll.

Wir wollen partnerschaftlich agieren, aber trotzdem muss klar sein, wer der Chef ist.

Qualität vs. Kosten Führungskräfte beschreiben den Widerspruch von hohen Qualitätsansprüchen an die Arbeitsergebnisse der MitarbeiterInnen einerseits und dem Kostendruck durch hohe Personalaufwände andererseits.

Auf der einen Seite besteht natürlich die Anforderung, dass wir unser Personal möglichst effizient einsetzen. Auf der anderen Seite ergibt sich natürlich genauso auch aus dem System heraus die Anforderung, dass wir die bestmögliche Qualität sicherstellen müssen, was dann aber damit einhergeht, dass wir eigentlich wesentlich höhere Personalaufwände erzeugen müssten.

Langfristige Kundenbindung vs. kurzfristige Rendite Der wahrgenommene Widerspruch besteht für Führungskräfte in dem hohen kurzfristigen Erfolgsdruck auf der einen und dem Wert von langfristigen partnerschaftlichen Kundenbeziehungen auf der anderen Seite.

Wenn man kein Geld verdient, sind wir in der Regel zu langsam gewesen. Und ist bei den [Kunden-]Rückmeldungen alles gut und perfekt, dann war die Qualität zwar super gut, aber wir waren zu langsam. Umgekehrt, wir haben Geld verdient, aber die Rückmeldung vom Kunden ist nach dem Motto: ‚Nie wieder mit euch.' Dann bringt mich das Geld, das ich verdient habe, nicht nachhaltig weiter, sondern ich habe den Kunden dann unter Umständen verloren.

Menschlichkeit vs. Produktivität Führungskräfte berichten vom Widerspruch zwischen geforderter Empathie und Menschlichkeit für die MitarbeiterInnen einerseits und dem Ergebnisdruck andererseits.

Also klar gibt es ja das Leitbild auch mit Menschen und so, und dass der Mensch im Vordergrund steht, ist auch in vielen Situationen so. (…) aber unterm Strich zählt (…), was unterm Strich [finanziell] rauskommt.

Eine/r der befragten Coaches beschreibt das wie folgt:

Einerseits soll die Führungskraft sehr zugewandt, sehr empathisch, sehr menschlich mit den Mitarbeitern umgehen. Andererseits steht aber immer im Hintergrund: Maximaler Profit. Und das führt eigentlich immer mal wieder zu Spannungen.

Kooperation vs. Konkurrenz Der Widerspruch wird darin erlebt, dass dem geforderten Miteinander als KollegInnen der Konkurrenzkampf um die Karriere entgegensteht.

Das ist interne Konkurrenz. (…) Das ist aber total Kacke. Total verrückt.

Eine/r der befragten Coaches beschreibt das wie folgt:

Sowas wie: Teamgefühl auf der einen Seite und Konkurrenzkampf auf der anderen Seite. Sowohl auf der eigenen Ebene als auch auf der Ebene der eigenen Mitarbeiter.

Selbstorientierung vs. Gruppenorientierung Die Führungskräfte erleben einen Widerspruch zwischen den persönlichen Zielvorgaben für den eigenen Verantwortungsbereich auf der einen und der Vorgabe der Maximierung des Gesamtergebnisses des Unternehmens auf der anderen Seite.

Wir wollen die eigene Leistung verkaufen, das steht über dem Umsatzgedanken. Umsatz ist natürlich auch nicht schlecht. Also man wird schon auch gezwungen, beides zu machen.

Eine/r der befragten Coaches beschreibt das wie folgt:

(…), dass jede Abteilung irgendwie so auf sich halt guckt und damit aber auch von den Führungskräften eigene Ziele gesetzt bekommt und dann also tatsächlich sich fokussieren muss auf das: Was wollen wir hier erreichen in unserer Abteilung?

Und das ist manchmal halt schädlich für das große Ganze oder für die Zusammenarbeit. (...) Wenn ich das und das Ziel erreiche und mein Ziel erreiche, (...) muss [das] nicht zum Wohl des Unternehmens sein. Und deshalb kann das manchmal ein Konflikt sein oder ja, ein Widerspruch, dem sich die Führungskraft ausgesetzt sieht.

Selbstbestimmung vs. Fremdbestimmung Der wahrgenommene Widerspruch zeigt sich darin, dass es ein Abhängigkeitsverhältnis als ArbeitnehmerIn gibt und gleichzeitig von der Führungskraft ein Höchstmaß an Eigenverantwortlichkeit gefordert wird.

Wir sind Angestellte und agieren wie Selbstständige.

Eine/r der befragten Coaches beschreibt das wie folgt:*Es gibt viele interne Referenzen im Unternehmen, die verlangen, das und das zu tun. Und wenn eine Führungskraft aber (...) einen guten Draht zum Kunden hat und weiß, was da passiert, dann (...) muss ich so ein bisschen aus der Reihe tanzen, um nicht den internen Referenzen Genüge zu tun, sondern eigentlich für meinen Kunden dann zu arbeiten. Und das kann auch ein Widerspruch sein, weil mein Unternehmen eigentlich etwas anderes von mir verlangt.*

Ergänzend kommt folgender, lediglich von den Coaches beobachteter Widerspruch hinzu:

Verfahrensorientierung vs. Zielorientierung MitarbeiterInnen sollen selbstständig Aufgaben regeln, gleichzeitig kontrolliert und interveniert die Führungskraft. Und dann wundert sie sich über MitarbeiterInnen, die nicht eigenständig denken und agieren. Die Doppeldeutigkeit des eigenen Verhaltens als Auslöser bleibt unerkannt.

[Häufig ist es so], dass die Führungskraft doch im Grunde genommen möchte, dass der Mitarbeiter jetzt doch allein mit einer Aufgabe, mit einer ganz klaren professionellen Delegation, ich sage mal, dem kleinen Einmaleins, mit Aufgabe, mit Zielen, mit Hilfen, mit Kompetenzen und Befugnissen, mit einer Frist (...) unterwegs ist und am besten doch jetzt auch Eigenständigkeit entwickelt.

Gleichzeitig ist das aber möglicherweise eine Person, die als Stressverstärker Perfektionismus hat und am liebsten an jeder Stelle nochmal kontrollieren möchte, ob denn der Mitarbeiter eigentlich in dem Bereich jetzt auch das tut, was ihm aufgetragen wird.

In beiden Gruppen der InterviewpartnerInnen werden von je 50 % die Widersprüche Menschlichkeit vs. Produktivität sowie Produktivität vs. Ressourcen benannt und stellen damit zwei wesentliche Unvereinbarkeiten dar.

Die oben beschriebenen Widersprüche zeigen große Parallelen mit den von Neuberger (2002) definierten 13 Dilemmata (S. 342), die als schwierige Führungssituationen erlebt werden. Sie sind echte und alltägliche Herausforderungen für die Führungskraft.

> **Standortbestimmung**
> - Welche systemimmanenten Widersprüche nehmen Sie in Ihrem Unternehmen wahr?
> - Wie erleben Sie persönlich die Herausforderungen, die damit zusammenhängen?

Praxistipp

- Prüfen Sie Anforderungen, die an Sie gerichtet werden, auf systemimmanente Widersprüche. Nicht alle Ungereimtheiten sind systemisch bedingt. Vielleicht wurden bei der Zielvorgabe (noch) nicht alle Auswirkungen im Zusammenhang mit anderen Zielen ausreichend bedacht.
- Systemimmanente Widersprüche sind der Normalfall in Unternehmen und nicht mit der Absicht konstruiert, Sie als Führungskraft zu quälen. Diese Einstellung hilft Ihnen, mit der nötigen Professionalität an die Sache heranzugehen.
- Nehmen Sie systemimmanente Widersprüche als Teil Ihrer Führungsaufgabe wahr.

Komprimierte Studienergebnisse

- Alle befragten Führungskräfte im mittleren Management nehmen Widersprüche im Unternehmen auf allen Hierarchieebenen wahr.

- Systemimmanente Widersprüche sind allen befragten Coaches aus dem Umgang mit Führungskräften bekannt.
- Einige der befragten Führungskräfte beschreiben die Wahrnehmung von Widersprüchen als Irritation oder innere Rebellion.
- Systemimmanente Widersprüche werden von Unternehmensseite nicht als solche kommuniziert, sie zeigen sich umso stärker im Erleben der Führungskraft.

Literatur

Bieri, P. (2019). Topmanager im Kreuzfeuer ihrer Dilemmata. Ursachen, Bewältigungsstrategien und Resultate von empfundenen Dilemmata im Habitat der Schweizer Topmanager sowie das Kontinuum derer Typen in Bezug auf Dilemmata-Arten. Dissertation, Universität Potsdam. https://publishup.uni-potsdam.de/opus4-ubp/frontdoor/deliver/index/docId/44106/file/bieri_diss.pdf. Zugegriffen: 1. Nov. 2022.

Blumer, H. (1980). Der methodologische Standpunkt des symbolischen Interaktionismus. In Arbeitsgruppe Bielefelder Soziologen (Hrsg.), *Alltagswissen, Interaktion und gesellschaftliche Wirklichkeit* (S. 80–146). Westdeutscher.

BR-online. (1999). Prof. Dr. Oswald Neuberger Personalpsychologe im Gespräch mit Peter München. Sendung vom 01.10.1999. https://www.br.de/fernsehen/ard-alpha/sendungen/alpha-forum/oswald-neuberger-gespraech100.html. Zugegriffen: 11. Sept. 2022.

Bundesministerium für Arbeit und Soziales. (2021). Nachhaltigkeit und CSR. https://www.csr-in-deutschland.de/DE/Was-ist-CSR/Grundlagen/Nachhaltigkeit-und-CSR/nachhaltigkeit-und-csr.html. Zugegriffen: 11. Spet. 2022.

Castoriadis, C. (1997). *Gesellschaft als imaginäre Institution. Entwurf einer politischen Philosophie* (2. Aufl.). Suhrkamp.

Deutsche Telekom AG. (2022). Konzern. Der Mensch im Mittelpunkt. https://www.telekom.com/de/konzern/details/der-mensch-im-mittelpunkt-648614. Zugegriffen: 7. Okt. 2022.

Elger, C. E. (2013). *Neuroleadership: Erkenntnisse der Hirnforschung für die Führung von Mitarbeitern* (2. Aufl.). Haufe.

Fechtner, H., Heimbrock, K.-J. & Lindenblatt, H. (Hrsg.). (1996). *Erfolgsfaktor Mensch. Im Spannungsfeld zwischen Führen und Dienen*. Luchterhand.

Fontin, M. (1997). *Das Management von Dilemmata*. Deutscher Universitäts-Verlag.

Fuchs, M., Messner, J. & Sok, R. (2018). *Leadership in a VUCA World.* Haufe.
Gabler Wirtschaftslexikon. (2018). Wirtschaftlichkeitsprinzip. https://wirtschaftslexikon.gabler.de/definition/wirtschaftlichkeitsprinzip-48143/version-271401 Zugegriffen: 31. Okt. 2022.
George, B. & Sims, P. (2007). *True north: Discover your authentic leadership.* Basic Books.
Grönemeyer, H. (2002). *Mensch.* Grönland. Unter exklusiver Lizenz der Emi Electrola GmbH & Co. KG.
Herzka, M. (2013). *Führung im Widerspruch. Management in sozialen Organisationen.* Springer.
Hüther, G. (2006). *Bedienungsanleitung für ein menschliches Gehirn* (6. Aufl.). Vandenhoeck & Ruprecht.
Karens Diner. (2022). Great Burgers & Rude Service. https://www.bemorekaren.com/. Zugegriffen: 1. Nov. 2022.
Lufthansa Exclusive. (o. J.). Interview Lufthansa Exclusive. *Kulturwandel.* https://kulturwandel.org/inspiration/interviews-und-texte/interview-lufthansa-exclusive/. Zugegriffen: 28. Okt. 2022.
Müller-Christ, G. (2007). Formen der Bewältigung von Widersprüchen: Die Rechtfertigung von Trade-offs als Kernproblem. In G. Müller-Christ, L. Arndt & I. Ehnert (Hrsg.), *Nachhaltigkeit und Widersprüche. Eine Managementperspektive* (S. 127–178). Lit.
Neuberger, O. (1990). Der Mensch ist Mittelpunkt, der Mensch ist Mittel – Punkt: Acht Thesen zum Personalwesen. *Personalführung, 1,* 3–10. Deutsche Gesellschaft für Personalführung e. V.
Neuberger, O. (2002). *Führen und führen lassen* (6. Aufl.). Lucius & Lucius.
Neuberger, O. (2006). *Mikropolitik und Moral in Organisationen. Herausforderung der Ordnung* (2. Aufl.). Lucius & Lucius.
Permantier, M. (2019). *Haltung entscheidet. Führung & Unternehmenskultur zukunftsfähig gestalten* (1. Aufl.). Vahlen.
Purps-Pardigol, S. (2015). *Führen mit Hirn. Mitarbeiter begeistern und Unternehmenserfolg steigern.* Campus.
Rubinion AG. (2022). Unser Leitbild. Leading records. https://www.rubinion.de/. Zugegriffen: 7. Okt. 2022.
Stippler, M., Moore, S., Rosenthal, S. & Dörffer, T. (2014). *Führung – Überblick über Ansätze, Entwicklungen, Trends* (4. Aufl.). Bertelsmann Stiftung.
Ulrich, H. & Krieg, W. (1972). *Das St. Galler Managementmodell.* Haupt.
Wanninger, A. (2020). *Servant Leadership und agile Teams. Wie Unternehmen die Effektivität ihrer Teams steigern.* Grin.
Weber, M. (1976). *Wirtschaft und Gesellschaft* (5. Aufl.). Mohr/Siebeck.

4
Kommunikation als Führungsaufgabe

Kompetent zuhören und kompetent sprechen – das ist die Basisfertigkeit professioneller Führung, mit der das Führungshandeln im Organisationsalltag erst in Erscheinung tritt.

(Christian Barthel, 2012)

Zusammenfassung Kommunikation gilt als wertvolles Führungsinstrument, das Wertschöpfung schafft. Es kommt aber nicht nur darauf an, „dass" kommuniziert wird, sondern vor allem, „wie" kommuniziert wird. Die InterviewpartnerInnen der Studie haben klare Vorstellungen, welche Bedingungen für gelingende Kommunikation erfüllt sein sollten. Führungskräfte versuchen, diese zu schaffen und setzen sie dann auch in der Kommunikation im systemimmanenten Widerspruch voraus. Widersprüche erzeugen Unsicherheit, die Kommunikation verstärkt erforderlich macht. Erst wenn Widersprüche erkannt und im Unternehmen in den Dialog gebracht werden, kann ein adäquater Umgang damit gefunden werden.

Die Kommunikationsaufgabe der Führungskraft ist u. a. dadurch gekennzeichnet, Informationen zusammenzutragen und diese gegeneinander abzuwägen. Außerdem hat sie Argumentationen zu erarbeiten und die Verantwortung für Entscheidungen, als auch für deren Kommunikation zu übernehmen. Die Führungskraft soll zudem Innovationstreiber und Imageträger sein, interaktiv führen, die Partizipation der MitarbeiterInnen gewährleisten und damit den Unternehmenserfolg sichern.

Führungsauftrag und Kommunikation sind untrennbar miteinander verbunden. „Durchschnittlich 70 % aller Tätigkeiten von Führungskräften sind Kommunikationsaufgaben" (Wahren, 1978, zitiert nach Kröninger, 2017, S. 78).

All dies bedeutet: Kommunikation soll als wertvolles Führungsinstrument genutzt werden, das Wertschöpfung schafft.

Im systemimmanenten Widerspruch findet Kommunikation unter Bedingungen der Unsicherheit aufgrund des Unvereinbaren statt. Das erschwert es der Führungskraft, den Kommunikationsanforderungen gerecht zu werden.

Um Ihnen als LeserIn verständlich zu machen, worauf wir uns im Folgenden beziehen, wenn wir über Kommunikation und das kommunikative Verhalten der Führungskraft im systemimmanenten Widerspruch sprechen, wollen wir zu Beginn ein paar Begrifflichkeiten klären.

Kommunikation wird definiert als „über etwas mittels eines Mediums mit jemandem in Verbindung treten, der die Mitteilung einordnen oder verstehen soll" (Neuberger, 2002, S. 622). Kommunikation beinhaltet dabei sowohl die verbale Ausdrucksweise, also die gesprochene Kommunikation, wie die nonverbale. Letztere ist die nicht sprachgebundene Kommunikation, wie z. B. Körpersprache (Mimik und Gestik). Es können aber auch Aspekte wie z. B. Zeit (Bin ich bewusst pünktlich bei einem Termin mit jemandem oder nicht?) oder auch Statussymbole eine Rolle spielen. Auch ein Firmenwagen kann z. B. eine Form der nonverbalen Kommunikation darstellen. Entscheidend ist zudem, wie etwas gesagt wird. Hierbei spielen z. B. Stimmlage, Tonfall und Lautstärke, d. h. die paraverbale

Kommunikation, eine Rolle. Unser gesamtes Verhalten hat also einen Mitteilungscharakter, da es beobachtbar ist, und stellt damit eine Kommunikationsweise dar.[1]

Kommunikation in Unternehmen ist dabei idealerweise zielgerichtet und dient der Aufgabenerfüllung. Sie lässt sich in die Bereiche Marktkommunikation, interne Kommunikation und Public Relations unterscheiden (vgl. Kröninger, 2017, S. 47). Unser Augenmerk innerhalb der Studie richtet sich auf die interne Kommunikation, d. h. die Kommunikation, die zwischen den Beschäftigten des Unternehmens stattfindet.

Gelingende Kommunikation bedeutet, dass alle Voraussetzungen geschaffen sind und die Botschaft vom Gegenüber verstanden wird. Hierfür ist es erforderlich, Situationen einschätzen zu können und angemessen, im Sinne von sozial kompatibel, darauf zu reagieren (vgl. Goleman et al., 2001).

Wie Sie sehen, ist das Thema Kommunikation ein komplexes Feld.

Neben den genannten Definitionen, sei hier noch einmal verdeutlicht, worum es uns geht:

In der Kommunikation begegnen sich mindestens zwei Menschen und versuchen, eine gemeinsame Ebene der Verständigung zu finden. Dafür ist es erforderlich, präsent, d. h. mit der gesamten Wahrnehmung beim Gegenüber, zu sein. Wer zu sehr mit sich selbst, den eigenen Gedanken oder dem, was um ihn herum passiert, beschäftigt ist, kann dem Gegenüber nicht ausreichend Aufmerksamkeit schenken. Ebenso wenig ist es hilfreich, ausschließlich eine Tagesordnung durchboxen oder möglichst schnell das eigene Anliegen platzieren zu wollen.

Der Mensch will wahrgenommen und wertgeschätzt werden. Daher ist es notwendig, dem Gegenüber dies auch zu signalisieren. Unsere Kommunikation bietet vielfältige Möglichkeiten, das zu gewährleisten und sich dabei nicht nur auf den Inhalt des Gesagten zu konzentrieren.

---

[1] Wir gehen im Weiteren nicht explizit auf den Unterschied von Handeln und Verhalten ein, da dies für Sie als LeserIn für das Verständnis der Ergebnisse aus der empirischen Forschung keine relevante Information darstellt.

Ein wesentlicher Aspekt dabei ist das aktive Zuhören. Wer sich mit dem Thema Kommunikation auseinandergesetzt hat, mag unter aktivem Zuhören vielleicht eher eine Technik verstehen. Dabei wird z. B. Interesse durch zustimmende Laute oder Gesten gezeigt. Beim aktiven Zuhören aber geht es um wesentlich mehr. Es geht um das Einfühlungsvermögen (Empathie), das dem Gegenüber entgegengebracht wird. Damit ist eine gute Grundlage dafür geschaffen, dass Kommunikation weitergeführt werden kann und nicht abbricht.

Wir kommen später noch einmal auf das aktive Zuhören zurück.

Die kommunikativen Herausforderungen für die Führungskraft sind, wie gesagt, hoch.

Und sie werden nicht einfacher, da die Umstellung auf agile Arbeitsweisen sowie schnelle, digitale Kommunikationswege und dialogisch orientierte Echtzeitkommunikation längst im Alltag der Führungskraft angekommen sind. Echtzeit bedeutet, dass nicht zeitversetzt kommuniziert wird. Wenn Sie z. B. eine E-Mail schreiben, gibt es zwischen dem Senden und der Ankunft der Botschaft bei dem/der EmpfängerIn sowie dessen/deren Reaktion eine zeitliche Verzögerung. In einer Videokonferenz hingegen findet die Kommunikation in dem Moment der Übertragung, in Echtzeit, statt. Echtzeitkommunikation erfordert schnellere Reaktionszeiten. Dies beinhaltet aber auch eine höhere Erwartungshaltung an die Entscheidungsgeschwindigkeit.

Da Unternehmen Kommunikationssysteme mit hoher Komplexität sind (vgl. Neuberger, 2002, S. 609), ist die Aufgabe der Führungskraft die Koordination von Kommunikationsprozessen, wobei sie stets Adressat und Produzent von Kommunikation ist. „Die Wertschöpfung wird in Zukunft davon bestimmt sein, ob es Führungskräften gelingt, komplexe Kommunikation zu gestalten" (Horx, zitiert nach Permantier, 2019, S. 24). Es mag paradox klingen, wenn wir zur Erfüllung dieser Aufgabe für Einfachheit plädieren. Die Komplexität muss reduziert werden.

Auf die Kommunikationssysteme, die im Unternehmen eine Rolle spielen, hat die Führungskraft meist keinen Einfluss. In immer kürzeren Intervallen werden Neuerungen an sie herangetragen. Sie muss diese neuen Systeme bedienen und an die MitarbeiterInnen vermitteln – auch dann, wenn sie selbst die neuen Systeme gar nicht für hilfreich erachtet. Worauf die Führungskraft Einfluss hat, ist die eigene Kommunikation und darauf, diese einfach und eindeutig zu gestalten. Kommunikative Kompetenz ist dabei das Stichwort, das in vieler Munde ist. Sie kann als Eigenschaft verstanden werden oder als Fähigkeit, die zu erlernen ist. Dies macht Kommunikationsschulungen und Coachingansätze in und für Unternehmen so interessant und wertvoll.

Alle befragten Führungskräfte sehen in der Kommunikation die Grundlage der Führung. Sie ist zur Zielerreichung und für die Wertschöpfung von Nutzen, dient dem Erwartungsabgleich, hilft Aufgaben zu steuern, Beziehung zu bauen und Ziele zu beschreiben.

Ich glaube mal, ohne Kommunikation kann vieles nicht funktionieren. Das heißt, Kommunikation zu verbessern, insgesamt, ist eigentlich schon auch für die Erreichung von Zielen, für Wertschöpfung, für die Arbeit insgesamt von Nutzen.

Es geht aber nicht nur darum, „dass" kommuniziert wird, sondern vor allem, „wie" kommuniziert wird.

Wir kommunizieren viel. Wir leben in einer Informationsgesellschaft, aber die Art und Weise, wie wir kommunizieren, ist emoji-kalt. Also ein Emoji kann nie so warm sein wie ein Gespräch, wie ein Zwinkern, wie ein Lächeln oder vielleicht auch mal ein Schulterklopfen und zu sagen: ‚Komm, Kopf hoch, es geht weiter.' Das kann ein hochgereckter Daumen, egal in welcher Hautfarbe, nie so wiedergeben.

Insbesondere die Begegnung und verbale Kommunikation wird von allen Befragten geschätzt. Die Corona-Pandemie spitzte dieses Thema zu. Soziale Distanz und Homeoffice wurden zusätzliche Herausforderungen für die Kommunikationsleistung der Führungskräfte. Manche Geschäftsfelder werden als

höchst persönliches Geschäft wahrgenommen, das schafft man nicht übers Telefon und nur über die Stimme.

Auch durch das Tragen einer Mund-Nasen-Bedeckung (Maske) wurde Kommunikation, insbesondere die Face-to-Face-Kommunikation, neu zu einem Thema.

> *Ich muss mich jetzt mit meiner Kommunikation ganz neu befassen. Weil ich einfach dann über Körpersprache, über Augen, über (…) Kopfbewegungen viel mehr rausholen muss, weil mir einfach wertvolle Puzzlestückchen fehlen, weil ich die unter dieser Maske nicht sehe.*

Das persönliche Gespräch bietet sich im Sinne der Media-Richness-Theorie (vgl. Daft & Lengel, 1986) bei einer hohen Dichte der Aufgabe an. Diese Theorie setzt die Vielschichtigkeit einer Kommunikationsaufgabe in Bezug zur Reichhaltigkeit des gewählten Mediums. Das bedeutet: Um Mehrdeutigkeiten in der Kommunikation zu vermeiden, sollte bei komplexen Aufgaben ein Medium gewählt werden, das möglichst viele Aspekte der Kommunikation abdecken kann.

Sie haben sicher selbst schon erlebt, dass z. B. ein Konflikt schlecht per E-Mail oder über das Telefon zu lösen ist. Es braucht den Sichtkontakt, die Körpersprache, einfach alles an Eindrücken, die unsere Kommunikation zu bieten hat. Einfache Kommunikationsaufgaben hingegen benötigen nicht zwingend eine Face-to-Face-Kommunikation. Wenn Sie einen Termin absprechen wollen, reicht auch eine kurze schriftliche Umfrage.

Das persönliche Gespräch wird von Führungskräften zudem unter dem Gesichtspunkt der Wertschätzung genutzt.

> *Ich finde, Kommunikation hat auch etwas mit Wertschätzung zu tun. Rufe ich den Kollegen immer nur an oder nehme ich mir auch die Zeit [und] setze mich [mit ihm] an einen Tisch, um (…) zu kommunizieren?*

Hinzu kommt die Regelmäßigkeit in der Kommunikation, die von allen befragten Führungskräften als unverzichtbar eingeschätzt wird.

> *Aber generell finde ich, eine Kommunikation muss immer regelmäßig stattfinden und vor allen Dingen, ja, halt mit Sichtkontakt.*

Die Kommunikation der Führungskraft ist dabei in der Regel keine Einbahnstraße. Es gibt zahlreiche Modelle von „Sender und Empfänger" (vgl. z. B. Gutenberg, 1994, S. 114), die eine gute Analysemöglichkeit für Gespräche bieten. Sie stellen aber häufig nicht deutlich genug heraus, dass in einem Gespräch das Senden einer Botschaft nicht einseitig geschieht. Kommunikation ist ein beständiges Wechselspiel von Senden und Empfangen. Wir sind uns bewusst, dass es Situationen gibt, in denen dies nicht ganz so offensichtlich ist. Nehmen wir z. B. eine Ansprache, so scheint es hierbei nur um das Senden zu gehen. Aber auch bei einer solchen wird der/die RednerIn stets die Resonanz des/der Empfangenden der Botschaft mit im Blick haben. Ein zustimmendes Nicken, ein Murmeln, ein unruhig werdendes Gegenüber, der Blick auf die Uhr oder ein Handzeichen – all das nimmt ein/e aufmerksame/r SenderIn einer Botschaft gleichsam als EmpfängerIn mit auf. Auch eine Führungskraft wird solche Signale in ihrer Kommunikation im besten Falle nicht ignorieren.

Wer angemessen kommunizieren will, sollte das Gegenüber in seinem verbalen, nonverbalen wie paraverbalen Ausdruck wahrnehmen. Es ist das aktive Zuhören, das in der Kommunikation gefragt ist. Leider wird dies jedoch häufig vernachlässigt. „Im sozialen Alltag steht das ‚selber formulieren' oft an erster Stelle" (Schwandt, 2016, S. 1).

Gut zuhören und den anderen aussprechen lassen. Das haben manche nicht so drauf.

Es wäre verwunderlich, wenn Sie das nicht auch aus Ihrem persönlichen oder beruflichen Kontext kennen würden. Da kommt es zu Missverständnissen und zu Aussagen wie: „Das habe ich so aber nicht gesagt" oder „Das hast du falsch gedeutet." Nicht selten führt das zu Streit oder zu einem Kommunikationsabbruch. Kommunikation gestaltet sich selbst im privaten Alltag als schwierig, mühsam oder gar unmöglich.

Bei der Führungskraft kommt erschwerend hinzu, dass ihre Kommunikation in ungleichen Autoritätsstrukturen (Hierarchien) stattfindet. Aber auch in solch asymmetrischen Gesprächssituationen kann Kommunikation dialogisch ausgerichtet sein und die Führungsrolle sogar bestärken. Innere Mehrsprachigkeit als Fähigkeit zwischen KommunikationspartnerInnen und Konstellationen zu differenzieren, ist dabei erforderlich, denn eine

Verständigungsebene muss geschaffen werden, und die ist natürlich bei jedem unterschiedlich.

Lebens- und Lernerfahrung sind den befragten Führungskräften dabei eine Hilfe. Dazu gehören Kommunikationstrainings ebenso wie reflektierte Erfolge oder Misserfolge in der eigenen Kommunikationspraxis.

> **Standortbestimmung**
> - Welchen Nutzen sehen Sie als Führungskraft darin, in Kommunikationsaufgaben zu investieren?
> - Wodurch gewährleisten Sie im Gespräch ein zugewandtes Wahrnehmen Ihres Gegenübers?

Die Führungskraft soll also das Zuhören lernen, adressatenorientiert kommunizieren, sich im Bereich der Kommunikation mit allen Veränderungen der Rahmenbedingungen auseinandersetzen und die eigene Persönlichkeit reflektiert berücksichtigen. In all dem hat sie sich in ihrer Kommunikation an die geschriebenen wie ungeschriebenen Regeln, Schlüsselwörter und Gepflogenheiten des Unternehmens anzupassen (vgl. Neuberger, 2002, S. 621).

Keine leichte Aufgabe. Aber machbar.

> **Aus der Sicht der Führungskraft: Reden ist Silber – Zuhören ist Gold**
>
> Sven 42 Jahre, Teamleiter. Branche: Versicherungen
>
> Gestern hatte ich ein sehr interessantes Gespräch mit einem Kollegen aus der Buchhaltung, den ich zufällig auf dem Flur traf. Wir kennen uns schon länger. Wir haben ungefähr zur gleichen Zeit in der Firma angefangen.
> Wir waren beide total genervt vom neuen Ticketsystem bei der IT. Du kriegst ja keine/n KollegIn mehr direkt ans Telefon, wenn du mal eine Frage hast. Alles soll über dieses System laufen. Du weißt nicht einmal mehr, wer denn nun deine Sachen bearbeitet. Da geht auch der Zusammenhalt mit den KollegInnen dort verloren.

Seit alles digital läuft, sind diese Gespräche leider selten geworden. Man sieht sich einfach nicht mehr so oft.
Wir hatten beide einen Meeting-Marathon hinter uns. Eine Videokonferenz jagte die nächste.
Natürlich leuchtet es ein, dass wir mit dem neuen Videokonferenztool viel Reiseaufwand sparen und sogar Besprechungsräume mittlerweile zurückgebaut werden können. Es ist allemal besser, die Menschen wenigstens auf dem Bildschirm zu sehen, als nur eine Stimme in der Telefonkonferenz zu hören oder sogar nur ein paar Zeilen Text im Chatprogramm zu lesen. Trotzdem fehlt die Gelegenheit, mal kurz persönlich zu reden. Es geht in den Online-Terminen immer nur um die Tagesordnung.
Nach einer Weile merkte ich, dass ihn noch etwas anderes beschäftigte und sprach ihn darauf an. Mein Kollege hat seit einiger Zeit ein kleines Team zu leiten und er erzählte mir, dass er eine Azubine hat, die in letzter Zeit ziemlich neben der Spur ist. Er war sich unsicher, wie er das Thema angehen soll.
Er hat schon versucht, ihr weniger komplizierte Aufgaben zu übertragen. Einmal hat er sie einfach mal in die Pause geschickt, weil sie so unkonzentriert war.
Ich habe ihm geraten, das Gespräch mit ihr zu suchen und sie einmal erzählen zu lassen, wie sie denn ihre Situation gerade so einschätzt und was ihre Herausforderungen sind.

Also ich habe schon sehr viel über die Persönlichkeit, also auch über persönliche Dinge von den Mitarbeitern erfahren, wenn man sich einfach die Zeit genommen hat, zu kommunizieren.

Meiner Erfahrung nach sind die Mitarbeiter dafür durchaus dankbar und packen auch schon mal ein persönliches Problem aus, wie Betreuung der Kids, Oma krank, usw.

Ja, gerade die jungen Mitarbeiter auch, wenn es dann so um Tipps geht, im privaten Bereich, auch in der Beziehung. Da höre ich manchmal mehr, als ich eigentlich erfahren möchte. Aber gerade bei den jungen hilft es dann auch weiter, wenn du dann heraushörst, dass es eigentlich gar nichts mit dem Geschäftlichen zu tun hat, dass sie gerade etwas verdreht sind.

Ich probiere, mich in den anderen hineinzuversetzen und dadurch vielleicht dann das ein oder andere wieder anders sehen zu können.

Natürlich kostet das Zeit und die ist immer knapp, aber ich bin davon überzeugt, dass manches fachliche Problem hinterher deutlich schneller gelöst wird, wenn die Menschen sich verstanden fühlen.

> Ich weiß auf jeden Fall, warum ich meinem Gegenüber beim Gespräch lieber in die Augen schaue, als mich hinter dem aufgeklappten Laptop zu verstecken.
> Wie die Geschichte von Sven weitergeht, lesen Sie in Abschn. 5.1.3.

Betrachten wir nun speziell die Kommunikation im systemimmanenten Widerspruch.

Widersprüche können als schwierige Führungssituationen bezeichnet werden, da sie Unsicherheiten auslösen. Sie „erschließen sich nur im Medium der Kommunikation" (Barthel, 2012, S. 271). Das heißt, es „muss über sie geredet werden" (Kühl, 1998, S. 320). Und das auf allen Ebenen.

Wenn damit auch der Dialog zwischen Führungskraft und Vorgesetzten über den Widerspruch wesentlich erscheint, ist doch die Frage, warum er nach Aussage der befragten Führungskräfte und Coaches nicht stattfindet. Dafür gibt es sicherlich viele Gründe.

Wie wir in Abschn. 3.2 aufgezeigt haben, kann dies mit der Rolle der Führungskraft zusammenhängen. Die Führungskraft sieht sich nicht in der Position, einen systemimmanenten Widerspruch überhaupt anzusprechen. Zum anderen liegt es am System als solchem (Abschn. 3.3). Jedes Unternehmen produziert systemimmante Widersprüche. Warum sollte daher explizit darüber gesprochen werden?

Des Weiteren liegen Gründe in der Führungskraft als Mensch. In Abschn. 3.1 wurde deutlich, dass die Führungskraft häufig in ihrer Funktion und weniger als Person wahrgenommen wird. Das menschliche Bedürfnis, über Unvereinbarkeiten im Gespräch zu sein, empfindet die Führungskraft als nicht angemessen. Denn die Bewältigung des Widerspruchs wird der Rolle der Führungskraft zugeschrieben. Die Führungskraft fügt sich damit dem Primat der Rolle vor der Person.

Darüber hinaus gibt es nachvollziehbare Gründe, die sich aus dem Bereich der Kommunikation ergeben. Das menschliche Gehirn arbeitet im Energiesparmodus (vgl. Hüther, 2006), der dann vorhanden ist, „wenn wir vertraute Muster erkennen und auf diese mit vertrauten Verhaltensmustern reagieren können" (Schwandt, 2016, S. 4). Die Begründung des eigenen Standpunktes kann anstrengend sein und die Wahrnehmung des Standpunktes des Gegenübers erfordert ein

Verstehen-Wollen und Empathie. „Fremde Ansichten, irritierende Sachverhalte, Abweichungen vom Erwarteten strengen unsere kognitiven Systeme zunächst einmal an und erzeugen emotional manchmal Neugierde, oft aber auch Irritation und Angst" (Schwandt, 2016, S. 4). So bleibt der Dialog aus, um z. B. Irritationen und unbequemen Gesprächen aus dem Wege zu gehen, weil offen ist, was dabei herauskommen wird, weil der eigene Standpunkt nicht reflektiert ist, weil es mühsam ist oder aus Angst, nicht verstanden zu werden oder sich nicht adäquat ausdrücken zu können. Die Aufzählung kann beliebig fortgesetzt werden.

Statt über den Widerspruch im Gespräch zu sein, wird billigend oder absichtlich mit Unsicherheit geführt. Unsicherheit aber erfordert Kommunikation. Eine Katze, die sich in den Schwanz beißt.

Es ist Aufgabe der Führungskraft, Unsicherheit zu nehmen, indem sie Beziehungen aktiv und professionell gestaltet, Vertrauen aufbaut und Austausch ermöglicht.

Unsere InterviewpartnerInnen haben klare Vorstellungen, welche Bedingungen für gelingende Kommunikation erfüllt sein sollten. Führungskräfte versuchen, diese zu schaffen und setzen sie daher auch in der Kommunikation im systemimmanenten Widerspruch voraus. Diese Bedingungen können gleichsam auch Folgen der Kommunikation sein. So ist z. B. Vertrauen eine der am häufigsten genannten Bedingungen für eine gelingende Kommunikation aus Sicht der Führungskräfte. Gelingende Kommunikation kann aber ebenso Vertrauen fördern und entstehen lassen. Unehrlichkeit hingegen lässt Vertrauen schwinden und bringt Kommunikation zum Erliegen.

> *Also, wenn ich merke, dass mich der gegenüber nicht ernst nimmt oder versucht, mir gerade Sachen zu erzählen, von denen ich weiß, dass das nicht stimmt, (...) kann ich schon ungemütlich werden, will ich mal behaupten. (...) also, wenn ich merke, dass jemand nicht ehrlich zu mir ist, dass ich da dann auch sage: ‚Jetzt ist es in Ordnung, wir brauchen hier gar nicht weiter diskutieren.' Das ist dann für mich auch keine Grundlage.*

Vertrauen basiert dabei auf einem Geben und Nehmen und ist im systemimmanenten Widerspruch unentbehrlich.

> (...) ich gebe Vertrauen, ich unterstütze, ich möchte aber auch, dass man mir vertraut.
> Am meisten hilft mir da [im systemimmanenten Widerspruch] tatsächlich das Vertrauen, das mir entgegengebracht wird. Dass da auch nicht immer unbedingt ein Rat kommen muss, oder irgendwie so eine Richtungsweisung, sondern dass dann auch eine Aussage wie: ‚Mach, wie du denkst' oder ‚Du wirst schon das Richtige tun', oder so, dass das schon ausreicht. Das ist schon eine Unterstützung.

Vertrauen und Ehrlichkeit werden, sofern sie als persönliche Werte deckungsgleich mit denen des Unternehmens sind, als tragende Säulen wahrgenommen. Führungskräfte sehen in Werten Prägendes aus der Kindheit:

> *Das habe ich von meinem Vater schon gelernt: ‚Ehrlich währt am längsten'.*

Die Befragten wünschen sich eine vertrauensvolle und ehrliche, offene Kommunikation. Nehmen wir diesen Wunsch ernst, so lässt sich an dieser Stelle schon vermuten, wie ernüchternd es für die Führungskraft sein muss, wenn in Fragen des systemimmanenten Widerspruchs kein Dialog stattfindet.

Ein vertrauensvoller Umgang setzt einen angstfreien Raum voraus und schafft ihn zugleich. Gerade im Widerspruch, in dem beide Seiten ihre Berechtigung haben, besteht aber eine hohe Wahrscheinlichkeit, dass Beteiligte Handlungen und Entscheidungen der Führungskraft gelegentlich als Fehler wahrnehmen. Das Kommunizieren von Fehlern ist für die befragten Führungskräfte eine Voraussetzung für den Umgang mit Widersprüchen, denn Fehler werden als *Wesenszug des Unternehmerseins* verstanden und bieten die Möglichkeit zur Verbesserung, sofern sie in die Kommunikation gelangen.

Doch gleichzeitig zeigt sich in der Studie, dass Fehler in Situationen der Unsicherheit ungerne zugegeben werden. Zum Teil liegt dies an dem Willen, sich durchzusetzen, wobei die Offenheit für andere Sichtweisen verloren geht.

Die [Unsicherheit] spüre ich körperlich und merke, dass ich die Lockerheit in der Kommunikation verliere. (...) Und dann erlebe ich immer wieder, dass bei mir, und nicht nur bei mir, sondern bei Führungskräften generell, in (...) unsicheren Situationen Einsicht zurückgeht und persönliche Durchsetzung an Priorität gewinnt.

Wenn die persönliche Durchsetzung Oberhand gewinnt, sind bereits die grundlegenden Voraussetzungen für ein erfolgreiches Senden und Empfangen einer Botschaft wie Empathie oder das Zuhören nicht mehr erfüllt. Die offene Kommunikation wird von Führungskräften dann als unmöglich erlebt,

(...) wenn sich Egos durchsetzen wollen und eine Führungskraft nicht in der Lage ist, zu sagen: ‚Hey, da hast du vollkommen recht. Ich liege hier falsch. Ich habe das falsch eingeschätzt. Ich habe die Argumente nicht alle gekannt. Ich habe falsch priorisiert. Dann kamen Emotionen dazu, und du hast vollkommen recht. Ich schwenke auf deinen Pfad ein. Danke für's Learning.'

Hinzu kommt, dass es notwendig sein kann, dass die Führungskraft ihre Entscheidung zu einem späteren Zeitpunkt revidiert und sie je nach Umgebungsparametern neu bedenkt und anders trifft. Denn der Widerspruch ist auch mit einer Entscheidung nicht dauerhaft gelöst. Wenn eine Fehlerkultur Grundlage für gelingende Kommunikation ist, bedeutet dies für Führungskräfte, die Eigenständigkeit der MitarbeiterInnen anzuerkennen, Kritik einzufordern und eine Fehlerkultur als Chance des Lernens zu fördern. Trotz dieses Wissens wird häufig mit Kritik geführt, verpackt im Deckmantel des Feedbacks.

Die Fehlerkultur hängt mit der Beziehungsebene zusammen. Diese ist existenziell für das berufliche Miteinander, wobei kein/e InterviewpartnerIn im Unternehmen beste FreundInnen sucht oder denkt, es sein zu müssen. Insgesamt ist die Wahrnehmung des Miteinanders positiv. Führungskräfte gehen beim Beziehungsaufbau nicht von einer einseitigen Erwartungshaltung aus, sondern sind bereit, auch von sich preiszugeben.

> *Im ersten Schritt gebe ich natürlich von mir auch Informationen preis, die über das Berufliche hinausgehen, um eben dort auch eine Ebene zu zeigen und herzustellen. Jetzt nicht mit der direkten Erwartung, dass das mein Gegenüber auch tut, aber eben, um dort ein Stück weit eine Brücke zu schlagen. Und wenn es uns gestattet ist, als Führungskräfte, auch mal nachzufragen: ‚Wie geht es dir? Wie war dein Wochenende?' Also, das ist ja eine Unterstützung der Beziehungsebene, die wiederum die Basis für eine gute Zusammenarbeit ist [und] für Vertrauen.*
>
> *Also, wir haben ein sehr gutes Verhältnis, das sehe ich auch gerade aktuell am Führungskräftefeedback. Ich bin oft ganz überrascht und berührt, was ich da für ein Feedback bekomme. Gerade, weil sie [die Mitarbeiter] das eben zu schätzen wissen, dass ein offener Umgang und ein ehrlicher und zuverlässiger Umgang herrscht und man keine Angst haben muss, mit mir über Themen zu sprechen.*

Einzelne Führungskräfte jedoch sind desillusioniert:

> *Wir arbeiten in derselben Firma, aber kollegial ist das alles irgendwo nicht mehr.*

Eine gute Beziehungsebene mit der nötigen Kommunikation ermöglicht auch eine Rücksichtnahme auf persönliche Belange der MitarbeiterInnen im beruflichen Alltag. Führungskräfte wollen MitarbeiterInnen als Menschen wahrnehmen und ebenso wahrgenommen werden. In diesem Sinne ist auch Authentizität für die Befragten ein Zeichen von guter Führung. Als unverzichtbar für ein erfolgreiches Kommunikationsverhalten gilt daher der *Abgleich Selbstbild/Fremdbild*.

Alle befragten Führungskräfte schätzen sich als selbstreflektiert ein.

> *Also ich glaube, von mir sagen zu können, dass ich eine Führungskraft bin, die sehr viel Wert auf Selbstreflexion legt. Das rührt nicht nur aus meinem eigenen Anspruch heraus, sondern eben auch aus meinem täglichen Tun [als Elternteil] und dann hier [im beruflichen Umfeld] natürlich auch zu schauen, welche Werte wichtig sind.*
>
> *Welche Werte möchte ich mitgeben, welche Werte sind mir dann auch gleichermaßen wichtig, sie auch in meinem Berufsleben zu zeigen und umzu-*

setzen. Und dort geht man natürlich als Führungskraft immer mit einem guten Beispiel voran, zumindest ist es das Ziel, das Idealbild. Insofern muss ich mich immer wieder neu justieren und sagen: ‚Okay, wo bin ich hier gerade, welche Themen habe ich, wo will ich hin?'

Und das ist für mich das Wichtigste, also mich auch kritisch zu hinterfragen, ja. Wie habe ich in welchem Thema agiert? Wie hat es vielleicht auch ein anderer, ein Gegenüber empfinden können? Wie habe ich das eigentlich gemeint? Also ein Abgleich Selbstbild/Fremdbild ist mir da sehr wichtig.

Und das eben auch in einem Abgleich mit Kollegen, zu sagen: ‚Das ist der Status, wie hast du das wahrgenommen?' Also, da auch mal einen Abgleich zu machen. Und dort schließt sich für mich auch ein Stück weit der Kreis zur Kommunikation.

Erfahrungen der Führungskräfte zeigen: MitarbeiterInnen sind trotz Vertrauen, Beziehungspflege und Fehlerkultur aufgrund des Abhängigkeitsverhältnisses vorsichtig mit kritischen Rückmeldungen an die Vorgesetzten. Damit geäußerte Kritik überhaupt beim Gegenüber auf fruchtbaren Boden fallen kann, muss bei diesem ein hohes Maß an Selbstreflexion vorhanden sein. Sie wird für die Führungskraft als *spielentscheidend* eingestuft, da mit ihrer Hilfe dem *Mechanismus Reiz-Reflex auf Autopilot* vorgebeugt wird. Das heißt, die Führungskraft reagiert nicht automatisch und unbewusst auf einen ihr gegebenen Reiz, sondern agiert in der Kommunikation reflektiert und bewusst.

Die befragten Coaches erleben diese Selbstreflexion zwar bei vielen Führungskräften, nehmen sie bei MitarbeiterInnen aber weniger wahr. In der Selbstreflexion ist die Führungskraft immer wieder auf den genannten Abgleich Selbstbild/Fremdbild angewiesen. Leider ist es aber so, dass der sogenannte blinde Fleck[2], den es zu verringern gilt, mit höheren Verantwortungspositionen wieder wächst.

---

[2] Der blinde Fleck geht auf das Johari-Fenster zurück, das im Jahr 1955 von Joseph Luft und Harry Ingham entwickelt wurde. Es beschreibt Verhaltensweisen und Aspekte der Persönlichkeit, die einem selbst und anderen bewusst bzw. unbewusst sind. Der blinde Fleck beschreibt dabei das, was andere an einer Person wahrnehmen, der Person selbst aber nicht bewusst ist.

(...) der König wird eben nicht mehr so oft kritisiert, weil es dann auch den Kopf kosten kann.

Führungskräfte erhalten tendenziell eher wenig Feedback von ihren MitarbeiterInnen und sie selbst geben an die höhere Hierarchieebene noch weniger Rückmeldung. Daher ist die Führungskraft für den Abgleich Selbstbild/Fremdbild häufig auf sich selbst zurückgeworfen. Sie ist auf die eigenen Vorgesetzten sowie die Rückmeldung der KollegInnen und auf externe Hilfe, z. B. durch Coaches, FreundInnen oder Familie, angewiesen. Selbstreflexion hat einen erheblichen Einfluss auf das kommunikative Verhalten und kann Kommunikationsabbrüche verhindern.

Befragte Coaches geben uns Einblick:

Ja, da fallen mir Beispiele ein, (...) von dem einen [Chef], der nicht so gut zuhört. Der kam immer mit diesem Thema: ‚So kann man mit [mir als] Chef nicht reden.' (...) Er fragte nach Feedback, dann kriegt er kritisches und dann reagiert er nicht darauf, weil er sagt: ‚Wer so mit seinem Chef redet, mit dem rede ich nicht.'

Wenn ich weiß, was mich ausmacht, wenn ich weiß, wie ich ticke, dann kann ich auch klarer kommunizieren.

> **Standortbestimmung**
> - Welche Bedingungen für eine gelingende Kommunikation sind für Sie wesentlich?
> - Wie schaffen Sie dafür die Rahmenbedingungen in Ihrem (Führungs-) Alltag?
> - Welche Situationen kennen Sie, in denen Sie nicht (mehr) gerne kommunizieren?

Eine Gallup-Umfrage (Hesse, 2020), ausgelöst durch die Corona-Pandemie, zeigt den erhöhten Kommunikationsbedarf aufgrund von Unsicherheit: „Gerade in unsicheren Zeiten ist Kommunikation zentral. Führungskräfte können allerdings nur dann gute Kommunikatoren und Informationsvermittler sein, wenn sie selbst ausreichend informiert sind." Nun wird es schwierig für die Führungskraft, mangelt es doch gerade im Widerspruch genau an diesen Informationen und es wird eher geschwiegen als kommuniziert. Die Führungskraft ist daher darauf angewiesen, selbst Lösungen zu finden, wie sie mit Widersprüchen umgeht. Fritz B. Simon formuliert das in einem Interview mit Bergmann und Fischer (2013) wie folgt: „Gute Führungskräfte organisieren sich den Widerspruch, aber das ist harte Arbeit, weil es unwahrscheinlich ist, dass er spontan geäußert wird."

In der Kommunikation über den systemimmanenten Widerspruch geht es weniger darum, „die Sehnsucht nach Harmonie (…) zu fördern, sondern das Nichtauflösbare aushaltbar zu machen oder gar für die Weiterentwicklung der eigenen Haltungen zu nutzen" (Herzka, 2013, S. 102). Erst wenn Widersprüche erkannt und in den Dialog gebracht werden, kann ein adäquater Umgang damit gefunden werden. Denn „in der Kommunikation gibt man sich gegenseitig Anregungen, bringt sich auf Ideen, stört sich in der Gewissheit der eigenen Wahrheiten und Werte. Aus solch einem Prozess kann etwas Neues entstehen" (Simon, 2006, S. 116).

Mit der Veränderung der Kommunikation verändert sich ein Unternehmen.

Wie sich eigene Lösungen der Führungskräfte im Umgang mit systemimmanenten Widersprüchen im kommunikativen Verhalten äußern, zeigen wir in den folgenden Kapiteln.

Praxistipp

- Werden Sie sich Ihrer Bedingungen für eine gelingende Kommunikation bewusst und schaffen Sie die Voraussetzungen dafür.
- Nutzen Sie Kooperation und Dialog als wertvolle Führungsinstrumente.
- Praktizieren Sie ein aktives Zuhören.
- Suchen Sie frühzeitig Menschen, die bereit sind, Ihnen eine ehrliche, offene Rückmeldung zu Ihrem Verhalten zu geben.
- Seien Sie bereit, sich selbst immer wieder in Ihrem Verhalten zu reflektieren.

Komprimierte Studienergebnisse

- Sowohl Coaches als auch Führungskräfte verstehen Kommunikation als zentrales Führungsinstrument.
- Alle Befragten haben klare Vorstellungen, welche Bedingungen für eine gelingende Kommunikation erfüllt sein sollten. Dabei steht Vertrauen ganz oben auf der Liste.
- Insbesondere die Begegnung als Face-to-Face-Kommunikation wird von allen Befragten geschätzt.
- Regelmäßigkeit in der Kommunikation ist allen befragten Führungskräften ein Anliegen.
- Alle befragten Führungskräfte sehen im Beziehungsaufbau eine wesentliche Grundlage für ihre Kommunikation.
- Alle befragten Führungskräfte schätzen sich als selbstreflektiert ein.
- Die Anpassung des kommunikativen Verhaltens auf das jeweilige Gegenüber wird von beiden befragten Gruppen als eine wichtige Aufgabe benannt.
- Die Führungskräfte beschreiben ihr eigenes kommunikatives Verhalten als respektvollen Umgang mit ihrem Gegenüber.

Literatur

Barthel, C. (2012). Kluge Führung kann man Lernen (2). Die kommunikative Dimension professioneller Führung. *Die Polizei, 10,* 271–280. Carl Heymanns.

Bergmann, J. & Fischer, G. (2013). Interview mit Fritz B. Simon. „Wer stört, gilt als gestört". *Brandeins.* https://www.brandeins.de/magazine/brand-eins-wirtschaftsmagazin/2013/normal/wer-stoert-gilt-als-gestoert. Zugegriffen: 24. Okt. 2022.

Daft, R. & Lengel, H. (1986). Anforderungen an organisatorische Informationen, Medienreichtum und strukturelles Design. *Management Science, 32* (5), 554–571. Informs.

Goleman, D., Boyatzis, R. & McKee, A. (2001). Priminal leadership: The hidden driver of great performance. *Harvard Business Review, 79* (11), 41–51. Harvard Business Publishing.

Gutenberg, N. (1994). *Grundlagenstudien zu Sprechwissenschaft und Sprecherziehung. Arbeiten in Teilfeldern.* Kümmerle.

Herzka, M. (2013). *Führung im Widerspruch. Management in sozialen Organisationen.* Springer.

Hesse, G. (2020). Mitarbeiterbindung in Corona-Zeiten. *Saatkorn.* https://www.saatkorn.com/gallup-mitarbeiterbindung-in-corona-zeiten/. Zugegriffen: 28. Okt. 2022.

Hüther, G. (2006). *Bedienungsanleitung für ein menschliches Gehirn* (6. Aufl.). Vandenhoeck & Ruprecht.

Kröninger, K. (2017). *Grundlagen der Wirtschafts- und Organisationsrhetorik/Kommunikationsmanagement. Studienbrief UKR 01.* Universität Koblenz-Landau.

Kühl, S. (1998). Von der Suche nach Rationalität zur Arbeit an Dilemmata und Paradoxien – Ansätze für eine Organisationsberatung in widersprüchlichen Kontexten. In J. Howaldt & R. Kopp (Hrsg.), *Sozialwissenschaftliche Organisationsberatung. Auf der Suche nach einem spezifischen Beratungsverständnis* (S. 303–322). Edition Sigma.

Neuberger, O. (2002). *Führen und führen lassen* (6. Aufl.). Lucius & Lucius.

Permantier, M. (2019). *Haltung entscheidet. Führung & Unternehmenskultur zukunftsfähig gestalten* (1. Aufl.). Vahlen.

Schwandt, B. (2016). *Zuhören, nachfragen, selber formulieren. Skript UKR (10).* Universität Koblenz-Landau.

Simon, F. B. (2006). *Gemeinsam sind wir blöd!? Die Intelligenz von Unternehmen, Managern und Märkten* (2. Aufl.). Carl-Auer.

5
Führungskräfte wollen verändern

„Vorwärts kommt der allein, der alles von sich und von anderen nur so viel erwartet, als unumgänglich scheint, damit er seinen Weg dann selber finde."
(Hermann Graf Keyserling, 1920).

Zusammenfassung Im Umgang mit systemimmanenten Widersprüchen sieht sich die Führungskraft in ihrer Rolle als EntscheiderIn. Sie ist nicht bereit, sich im Widerspruch zu zerreißen. Ihren Versuch, die unklare Situation zu verändern, kann sie allein oder unter Einbezug anderer in Angriff nehmen. Beiden Optionen liegt sowohl eine in der Rolle begründete Entscheidungskompetenz, als auch das Bedürfnis der Führungskraft nach einer Entscheidung zugrunde. Im Versuch, die unklare Situation allein zu verändern, besteht einerseits ein Wunsch, andererseits aber auch eine Notwendigkeit, da Hilfe aus dem Unternehmen meist ausbleibt. Durch den Einbezug anderer erhofft sich die Führungskraft Hilfestellung bei der Suche nach einer Lösung oder die Absicherung, nachdem sie eine eigene Lösung gefunden hat.

Betrachten wir zuerst das Erleben jener Führungskräfte, die Veränderungen allein angehen, Entscheidungen gerne allein treffen oder das Gefühl haben, Lösungen allein finden zu müssen.

5.1 Hilf dir selbst

Betrachten wir zuerst das Erleben jener Führungskräfte, die Veränderungen allein angehen, Entscheidungen gerne allein treffen oder das Gefühl haben, Lösungen allein finden zu müssen.

5.1.1 Entscheide

Wir treffen täglich unzählige Entscheidungen, viele durchdacht und überlegt, viele unbewusst. Bereits morgens entscheiden wir, was wir anziehen, ob es Tee oder Kaffee gibt, ob wir das Auto oder die Straßenbahn nehmen, das Telefonat noch vor dem Einsteigen führen oder von unterwegs. Die Digitalisierung hat ihren Beitrag dazu geleistet, dass ein Informationsüberfluss besteht, aus dem wir täglich die für uns wesentlichen Informationen herauszufiltern haben. Das kann schon herausfordern, wenn nicht sogar überfordern. Nehmen wir als Beispiel nur einmal den Bereich der Social Media. Wer von Ihnen dort unterwegs ist, kennt vermutlich die Situation: Man will nur eben schnell etwas nachschauen. Doch dann zappt man sich so durch, liest hier und da. Und ratzfatz ist eine Stunde um. Und am Ende weiß man nicht mal mehr, wonach man ursprünglich gesucht hat.

Auch im beruflichen Alltag ist die Informationsflut immens hoch, aus der heraus die Führungskraft täglich unzählige Entscheidungen zu treffen hat. Dennoch liegen häufig nicht alle Informationen vor, um eine Entscheidung, vor allem unter Zeitdruck, ausreichend bedenken zu können. Die Aufgabe der Führungskraft besteht darin, die wesentlichen Aspekte aus allen Informationen herauszufiltern. Aber selbst dann sind Entscheidungsprozesse nicht immer ausreichend mit Fakten abgedeckt und nicht alle Konsequenzen einer Entscheidung bis ins Letzte absehbar.

Im systemimmanenten Widerspruch zu entscheiden, ist nicht so einfach, wie bei einer Mahlzeit zwischen Schnitzel oder Nudelauflauf zu wählen. Denn beide Seiten sind gleichberechtigt, aber unvereinbar, und beide dienen dem Unternehmenszweck (Abschn. 3.3). Die Führungskraft kommt in Entscheidungsdruck, da sie nicht beide Seiten zeitgleich bedienen kann. So ist es z. B. schwer, die Qualität sicherzustellen und gleichzeitig die Kosten gering zu halten. Qualität hat eben ihren Preis. Spart man bei der Feuerwehr, um die Kosten zu verringern, an Geräten und Ausrüstung und wartet den Fuhrpark nicht ausreichend, so wird bei einem notwendigen Einsatz irgendwann die geforderte Qualität und Geschwindigkeit fehlen. Dafür wiederum wird sich die Führungskraft verantworten müssen. Setzt sie die notwendigen Ressourcen ein, steigen die Kosten. Auch dafür wird man sie zur Rechenschaft ziehen.

Systemimmanente Widersprüche landen immer auf dem Schreibtisch der Führungskraft. Da kann sie sich drehen und wenden, wie sie will. Sie soll beide Seiten bedienen und sich am Ende auch für beide verantworten.

Wie geht die Führungskraft nun damit um?

Sie trifft eine Entscheidung für eine Seite. Und sie trifft diese häufig allein.

Alle befragten Führungskräfte weisen ein hohes Maß an Entscheidungsbedürfnis auf. Damit lässt sich auf eine geringe Ambiguitätstoleranz[1] schließen. Das heißt, *letztendlich (…) muss es zu einer Entscheidung kommen*. Auf die Frage, wie wichtig es ist, Entscheidungen zu treffen, antworten 42 % der Führungskräfte mit der höchsten Punktzahl auf einer Skala von null bis zehn. Keine Führungskraft liegt in der Antwort unter acht vergebenen Punkten.

Die Situation einer ausbleibenden Entscheidung wird als innerer Konflikt erlebt.

Die geringe Ambiguitätstoleranz zeigt sich darin, dass Führungskräfte unvereinbare Situationen auflösen wollen und mit *Ungewissheit und ungeklärten Punkten überhaupt nicht umgehen* können.

---

[1] Ambiguitätstoleranz wird verstanden als ein „Ertragenkönnen von Mehrdeutigkeiten, Widersprüchlichkeiten, ungewissen und unstrukturierten Situationen oder unterschiedlichen Erwartungen und Rollen, die an die eigene Person gerichtet sind" (Reis, 1997, zitiert nach Spektrum, 2000).

Einzelne Befragte benennen eine von der Geschäftsführung „willentlich erzeugt[e]" (Bauer, 2018, S. 13) Ambiguität:

Dass das einfach alles hinten und vorne nicht stimmt. Das wissen die [Vorgesetzten] doch aber auch selbst.
(…) das ist gewollt.

Bei der Hälfte der Führungskräfte steht dem Entscheidungsbedürfnis ein hohes Harmoniebedürfnis gegenüber, wobei das Bedürfnis nach Entscheidung überwiegt. Entscheidungen sollten dabei Bestand haben, d. h. nachhaltig funktionieren.

Um zu einer Entscheidung zu gelangen, kann die Führungskraft vorhandene Fakten prüfen und die ihr zur Verfügung stehenden Informationen als Grundlage nutzen. Ganz rational. Aber werden Entscheidungen (in Unternehmen) wirklich rein rational, also ausschließlich mit dem Verstand getroffen? Folgen Führungskräfte Entscheidungsregeln und entscheiden eher bewusst und bedacht oder doch „aus dem Bauch heraus" und damit eher schnell und instinktiv (vgl. Thaler & Sunstein, 2010, S. 34)?

Immer noch herrscht in vielen Köpfen die Meinung, bei Entscheidungen stören die Emotionen nur. Ratio und Emotion werden getrennt. Dass jedoch Emotionalität nicht das Gegenteil zur Rationalität ist, ist längst durch die Gehirnforschung belegt (vgl. Adlmaier-Herbst, 2013). Vielmehr sogar gilt: Emotionen sind die Voraussetzung für rationale Entscheidungen (ebd.).

Dies belegte auch der Neurologe Damasio (2004) anhand von Untersuchungen gehirngeschädigter Patienten. Auslöser war der an einem Hirntumor erkrankte Patient Elliot. Dieser war nicht mehr in der Lage, sich zu entscheiden, obwohl sein Denken und sein Intelligenzquotient unverändert waren. Elliot zeigte keine Emotionen mehr, kannte weder Traurigkeit noch Freude oder Ungeduld. Mit dem Verlust der Emotionen hatte der Patient auch seine Fähigkeit verloren, Entscheidungen zu treffen.

Damasio bestätigte mit seinen zahlreichen Studien die Auswirkung von Gefühlsbeeinträchtigungen auf die Entscheidungsfindung.

Bauchentscheidungen sind demnach nicht rein emotional, sie folgen ganz rationalen Mustern (Heuristiken), also Faustregeln, die uns helfen sollen, auch mit unzureichenden Informationen und ggf. unter Zeitdruck Entscheidungen zu treffen. In intuitive Entscheidungen fließen zudem alle gemachten Erfahrungen aus vorangegangenen Entscheidungen ein. Wir können also darauf vertrauen, dass uns unsere Intuition nur selten in die Irre leiten wird und reines Nachdenken nicht automatisch zu „besseren" Entscheidungen führt. Denn ohne Emotion ist die Ratio hilflos (vgl. Heinrich et al., 2011).

Die Fähigkeit, Gefühle wahrzunehmen, ist im Menschen angelegt (vgl. Hüther, 2006, S. 109), ihre Entwicklung von Umweltbedingungen abhängig. Viel zu lange wurde nach dem Motto agiert: „Emotionen gehören nicht an den Arbeitsplatz". Ist es daher ein Wunder, dass Führungskräfte, gerade im systemimmanenten Widerspruch, der häufig emotional aufgeladen ist, dazu neigen, ihre Gefühle anzupassen oder zu unterdrücken? Sie werden „zum Meister des Spiels mit ihren eigenen Empfindungen und mit den Empfindungen anderer" (Hüther, 2006, S. 110), bis sie sich selbst kaum noch wahrnehmen.

So zeigt sich in unserer Studie bei der Befragung der Coaches, dass sie bei der Einschätzung der Ambiguitätstoleranz von Führungskräften, zwischen einem „nach innen" (in sich selbst) und „nach außen" (ins Unternehmen hinein) unterscheiden. Dies bestätigt ein sozial angepasstes Verhalten der Führungskraft und trägt der Forderung von Hüther (2006) Rechnung, „menschlichere Gehirne" (S. 27) auszubilden und damit eine Kohärenz zwischen „innen" und „außen" herstellen zu können, die Haltung und Verhalten in Einklang bringt.

> **Aus der Sicht der Führungskraft: Basta!**
> Thomas, 48 Jahre, Abteilungsleiter. Branche: Handwerk
>
> > Niemand hat etwas gesagt, aber in der Stille war die Empörung laut.
> > Ich komme aus der Abteilungssitzung. Die Geschäftsführung hat deutlich gemacht, dass wir unsere MitarbeiterInnen gut behandeln sollen. Das Unternehmen kann es sich nicht leisten, in der Situation des Fachkräftemangels Leute zu verlieren. Die MitarbeiterInnen seien das Kapital des Unternehmens. So weit, so gut.

> Im zweiten Teil der Ansprache wies die Geschäftsführung darauf hin, dass wir die Kosten senken müssen. Das verstehe ich, gerade jetzt, wo alles teurer wird und wir die Preise nicht 1:1 auf den Kunden abwälzen können, wenn wir noch Aufträge erhalten wollen.
> Aber was bedeutet das nun, wenn ich den ersten Part der Sitzung noch im Ohr habe? Die MitarbeiterInnen können nicht noch mehr und auch nicht noch schneller arbeiten. Und schon gar nicht, wenn die Qualität erhalten bleiben soll. Wie wir beide Forderungen übereinander bringen sollen, das hat die Geschäftsführung uns nicht gesagt. Sollen wir unsere Leute auspressen wie Zitronen und ihnen gleichzeitig etwas über Wertschätzung erzählen? Das kann so nicht funktionieren. Ich bin wütend. Zeigen werde ich das besser nicht. Also: runterschlucken, in mich reinfressen.
> Alle meine MitarbeiterInnnen haben ihre Geschichte. Und jede/r Einzelne gibt im Job ihr/sein Bestes.
> Mark, einer meiner Mitarbeiter, ist gerade Papa geworden. Ein Frühchen. Seine Arbeit hat noch nie gelitten, obwohl er so viel Zeit mit Fahrten in die Klinik verbringt. Und was ist mit Nina, deren Eltern noch mit den Auswirkungen der Hochwasserkatastrophe kämpfen und die nach wie vor ihre Wochenenden damit verbringt, beim Wiederaufbau zu helfen? Soll ich ihr sagen: „Du musst schneller, mehr, besser … arbeiten!"?
> Ich überlege gar nicht lange, als ich den Flur aus dem Meeting in mein Büro zurücklaufe.
>
> *Okay, ich kriege jetzt keine klare Regelung [von der Geschäftsführung]. Jetzt treffe ich eine für meine Leute.*
>
> Meine MitarbeiterInnnen sind keine Zitronen. Wir arbeiten weiter wie bisher. Wir geben wie immer unser Bestes und wir achten auf Qualität. Ich bin bereit, für diese Entscheidung am Ende meinen Kopf hinzuhalten. Dass ich damit auch dem Unternehmen diene, indem ich Kunden durch Qualität binde und gleichzeitig der Fluktuation vorbeuge, indem ich auf meine Mannschaft achte, kommt mir erst auf dem Weg nach Hause in den Sinn. Auch, dass ich bei den höheren Kosten eine geringere Rendite in Kauf nehme. Sie wird deshalb nicht schlecht sein, aber sicher nicht ganz so hoch, wie sonst.
> Ich horche kurz in mich hinein. Ja, das fühlt sich richtig an.

Die Führungskraft im mittleren Management befindet sich in einer Sandwichposition. Sie steht zwischen der oberen Führungsebene und den eigenen MitarbeiterInnen. Für die MitarbeiterInnen ist sie einerseits verantwortlich, aber ebenso von ihnen abhängig. Das grundsätzliche Ziel der Führungskraft ist, Klarheit für die MitarbeiterInnen und sich selbst zu schaffen. Widersprüche werden dabei in seltenen Fällen unter punktuellem Einbezug der MitarbeiterInnen (indem z. B. ihre Anliegen dazu gehört werden), aber stets in der alleinigen Verantwortung der Führungskraft gelöst. Die Entscheidung wird nicht *noch eine Ebene weiter runter* getragen.

Bei ihrer Entscheidung versucht die Führungskraft, zu berücksichtigen, was den MitarbeiterInnen gegenüber an Belastung zu vertreten ist. Hierbei sind Emotionen von Bedeutung. Wir könnten Ihnen vom limbischen System und dem Sitz der emotionalen Intelligenz erzählen, aber wir machen es kurz: Das Gehirn bewertet vorhandene Informationen im Blick darauf, was diese für die MitarbeiterInnen bedeuten (vgl. Adlmaier-Herbst, 2013).

Die Führungskraft ist bereit, sich für ihre MitarbeiterInnen einzusetzen, auch unpopuläre Entscheidungen in Kauf zu nehmen und die Konsequenzen und das Risiko zu tragen. Dies lässt vermuten, dass bei Entscheidungen im systemimmanenten Widerspruch eher zugunsten der MitarbeiterInnen entschieden wird und Unternehmensinteressen in den Hintergrund treten. Eine Nicht-Entscheidung ist für die Führungskraft im systemimmanenten Widerspruch undenkbar.

Ich weiß, es gibt manchmal Fälle, wo es eben vielleicht auch nicht möglich ist oder schwierig ist, eine Entscheidung zu treffen, aber manchmal ist eine falsche Entscheidung besser als keine.

Standortbestimmung
- Wann ist für Sie eine Entscheidung „richtig"?
- Nach welchen Kriterien entscheiden Sie?

Warum nimmt nun die Führungskraft ihre Suche nach einer Entscheidung im systemimmanenten Widerspruch allein in Angriff?

Dies mag u. a. daran liegen, dass sie gewohnt ist, mit einem hohen Maß an Freiheit Entscheidungen treffen zu dürfen – aber auch zu müssen. Betrachten wir zuerst das Dürfen:

Ich bin jemand, der sich am besten entfaltet, wenn er eine gewisse Freiheit in dem hat, was er tut (…).

Im Widerspruch zu bleiben ist, wie gesagt, keine Option.

> *Ich bleibe an so einem Widerspruch nicht hängen. Wenn ich feststelle, dass das etwas ist, was ich auf meinem Level gestalten kann, dann versuche ich, dort in einer konkreten Lösung zu agieren, als mich in diesem Widerspruch (…) ‚zu suhlen'.*

Dabei bedarf es keiner Hilfe von außen, es braucht keine Diskussionen oder Austausch mit anderen. Die Führungskraft vertraut auf sich selbst und entscheidet:

> *Also wir haben entschieden, (…) Besser gesagt, ich habe entschieden. Das ist erstmal gegeben. Also da ist keine Entscheidung offen.*

Nun gibt es aber nicht nur den Wunsch, sondern auch die Notwendigkeit, Entscheidungen allein zu treffen. Die Führungskraft erwartet im Widerspruch wenig adäquate Hilfe aus dem Unternehmen.
Damit kommen wir zum Aspekt des Entscheiden-Müssens.

> *Wenn keine gute Antwort [von Vorgesetzten] kommt, dann muss ich es ja eh selber machen. Ich gehe sowieso immer davon aus, dass ich es selber machen muss.*

Die Erwartung an die Geschäftsführung, konstruktive dauerhafte Lösungen im systemimmanenten Widerspruch zu finden, bleibt dabei unausgesprochen. So äußert einer der befragten Coaches:

> *Also sie [die Führungskräfte] müssen eigentlich schauen, dass sie immer alles selbst auf die Reihe bringen.*

Eine Führungskraft beschreibt dies wie folgt:

> *Es werden manchmal zu viele Entscheidungen auf uns abgewälzt. (…) Aber es sind oft Entscheidungen, die alle Führungskräfte betreffen würden. So, und dann heißt es immer: ‚Macht das unter euch aus', und das finde ich falsch. Also bestimmte Dinge, die alle betreffen, müssen eigentlich von der Führungskraft von oben kommen.*

> (…) Ich kann auch nicht [zu meinen MitarbeiterInnen] sagen: ‚Wir machen generell bei allen Projekten so oder so oder so. Ach, wisst Ihr was? Das könnt Ihr einfach unter Euch ausmachen.' Das kann ich nicht machen. Also ich muss eine Richtung (…) vorgeben und der Mitarbeiter hat einen Spielraum. Aber ich sage mal, die Richtung muss für jeden klar sein.

Ein Hinderungsgrund, Spannungsfelder anzusprechen und unternehmensintern nach Hilfe zu suchen, ist im Einzelfall die Angst, Schwäche zu zeigen.

> Ich glaube, das hat immer so einen Hauch von Schwäche, was es aber nicht [haben] soll, meiner Meinung nach. Ich finde es immer auch ganz gut, wenn man sich mal mitteilen kann, der andere zuhört und vielleicht auch mal das ein oder andere dazu sagen kann.

Da Führungskräfte erleben, dass sie das vorhandene Problem mit sich selbst ausmachen sollen, versuchen manche durch das *Selbstgespräch* Lösungen oder

> durch das Atmen die [eigene] Mitte zu finden und dann einfach aus der Mitte heraus zu entscheiden oder zu kommunizieren.

Hierbei wird das Umfeld, aus dem heraus der Widerspruch entsteht, punktuell ausgeblendet, um Lösungen zu finden und den eigenen, inneren Frieden wieder herzustellen. Es wird versucht,

> (…) auf sich selbst zu hören, mal wirklich völlig ausblenden was drumherum ist, was obendrüber oder untendrunter ist, völlig egal. In so einer Situation, wo es Widersprüche gibt, hilft es oftmals, in sich reinzuhören und zu überlegen: Wenn es gar keine äußeren Einflüsse gäbe, was würde man dann tun? Und das so machen.

Bei diesem Vorgehen liegt der Fokus weniger in einer guten Lösung für das Unternehmen, als darin, sich selbst *noch gut gegenübertreten* zu können. Ein systemimmanenter Widerspruch kann jedoch nicht zufriedenstellend behandelt werden, ohne das System einzubeziehen, aus dem er resultiert.

> **Standortbestimmung**
> • Welche Situationen meistern Sie eher allein?

Immer wieder manifestieren sich Widersprüche auch im Alltag zwischen Führungskräften unterschiedlicher Abteilungen. Nehmen wir den Vertrieb und den Innendienst. In einer Versicherung werden z. B. wegen einer kaputten Brille an den Innendienst Kundenwünsche herangetragen. Diese müssen abgewehrt werden, weil diese Versicherungsleistung nicht inbegriffen ist. Der Vertrieb jedoch verkauft im Außenverhältnis genau diese Versicherung mit dem Versprechen, dass alles abgedeckt sei. Hier zeigen sich die konkurrierenden Ziele des Vertriebes (Verkaufen) und des Innendienstes (Geld zusammenhalten). Die Geschäftsführung legt zudem Wert darauf, sich dem Kunden gegenüber als vertrauensvoller Partner zu zeigen. Auch solche Widersprüche sollen von Führungskräften selbst gelöst werden.

Einer der befragten Coaches berichtet:

Sagt die Führungskraft darüber [eine Hierarchieebene höher]: ‚Das müsst ihr miteinander regeln. Da will sich Papa nicht einmischen.' Das ist ungefähr so, [wie] wenn Sie die beiden im Kinderzimmer streiten lassen. Die hauen sich die Förmchen um die Ohren und die können es nicht gemeinsam regeln.

Sie brauchen mindestens eine Anleitung. Sie brauchen mindestens eine Moderation. Sie brauchen mindestens eine Ansage. Sie brauchen eine Positionierung der Erziehung oder der Führungskraft [darüber], oder wie Sie es nennen wollen.

Wird der Führungskraft im Widerspruch die nötige Entscheidungssicherheit nicht gegeben und kann sie diese für sich selbst nicht finden, regiert gelegentlich ein *Ene mene miste* als willkürliche Lösung. Gerade wenn beide Seiten im Widerspruch ihre Berechtigung haben, scheint es ja auch bedeutungslos, für welche sich die Führungskraft entscheidet.

Allerdings sind Führungskräfte mit Entscheidungen, die auf diese Weise getroffen werden, meist unglücklich. Es fehlt ihnen an überlegtem Vorgehen, das auch argumentativ begründet werden kann, oder dem Hören auf ihr Bauchgefühl, dass ihnen sagen würde: „Es passt!"

Kein Wunder, dass Führungskräfte daher Gesprächen über so gefällte Entscheidungen ausweichen und Diskussionen mit MitarbeiterInnen aus Unsicherheit umgehen. Also *Kopf in den Sand* und erst einmal unsichtbar machen. Und wieder ist die Führungskraft auf sich gestellt.

Häufig werden solche Themen auch im privaten Umfeld ausgeklammert. Die Führungskraft ist froh, wenn sie sich nicht auch noch dort mit diesen Dingen beschäftigen muss. Ein weiteres Motiv, diese beruflichen Themen nicht ins Private zu tragen, ist die Annahme, dass Außenstehende die Thematik nur schwer verstehen können. Des Weiteren will die Führungskraft den/die PartnerIn nicht damit belasten.

Fazit: Eine Führungskraft, die nicht gerne Entscheidungen mit sich allein ausmacht, tut es trotzdem, aus einer Notwendigkeit heraus.

Denn am Ende heißt es im Unternehmen: *Hilf dir selbst!*

Praxistipp

- Hören Sie auf Ihre Intuition und lassen Sie bei Entscheidungen Gefühl und Verstand mitreden.
- Seien Sie bereit, für getroffene Entscheidungen die Konsequenzen zu tragen.
- Wenn Sie das Gefühl haben, allein entscheiden zu müssen, suchen Sie außerhalb des Unternehmens nach adäquaten GesprächspartnerInnen, sofern Sie unternehmensintern keine finden.

Komprimierte Studienergebnisse

- 66,7 % der Führungskräfte sehen im Lösungsansatz, sich selbst zu helfen, eine positive Herangehensweise.
- Die Mehrzahl der Führungskräfte spricht Widersprüche bei Vorgesetzten nicht offen an. Bei zwei Drittel kommt dies aus der Erfahrung, dass sie keine Hilfe bekommen.
- 100 % der befragten Führungskräfte erwarten unausgesprochen von der Geschäftsführung konstruktive, nachhaltige Lösungen, die jedoch ausbleiben.

- Alle befragten Führungskräfte wünschen sich für den eigenen Arbeitsbereich und damit auch im Sinne der MitarbeiterInnen Klarheit im Widerspruch.
- Auf die Frage, wie wichtig es ist, Entscheidungen zu treffen, antworten 42 % der Führungskräfte mit der höchsten Punktzahl auf einer Skala von null bis zehn. Keine Führungskraft liegt in der Antwort unter acht vergebenen Punkten.
- Die Ambiguitätstoleranz der Führungskräfte wird von mehr als der Hälfte (58 %) der befragten Coaches eher gering eingeschätzt und in Abhängigkeit zum Harmoniebedürfnis gesetzt.
- Im Einzelfall werden Spannungsfelder von Führungskräften aus Angst, Schwäche zu zeigen, nicht angesprochen.
- Zwei Drittel der Führungskräfte geben an, dass neben dem sozialen Aspekt sowie der Karriere- und Entwicklungsmöglichkeiten ihre Entscheidungsfreiheit zu einem hohen Maß zu ihrer Zufriedenheit im Unternehmen beiträgt.

5.1.2 Priorisiere

Die Welt des 21. Jahrhunderts mit ihrer hohen Komplexität erschwert Entscheidungen. Der Mensch strebt einerseits nach Klarheit und Eindeutigkeit, andererseits danach, sich jegliche Option so lange wie möglich offenzuhalten (Ariely, 2015, S. 189). Im systemimmanenten Widerspruch jedoch tendieren Führungskräfte eindeutig zur Klarheit. Neben der vermeintlichen Auflösung durch die Entscheidung für eine Seite wählen Führungskräfte auch eine Priorisierung als Lösungsweg aus dem Dilemma des systemimmanenten Widerspruchs.

Manche Führungskräfte sehen sich im systemimmanenten Widerspruch schlichtweg nicht in der Lage, eine Entscheidung zu treffen. Eine Führungskraft beschreibt das Problem wie folgt:

> *Das ist schwierig. Sehr schwierig. Ich würde es gerne manchmal klar entscheiden, aber du hängst trotzdem so zwischendrin. Weil, wenn du dich für das eine entscheidest, dann bleibt beim anderen was auf der Strecke. Von daher ist es da schwierig, klare Entscheidungen zu treffen.*

Gelöst wird dieses Problem häufig über eine Priorisierung.

Um es ganz simpel zu machen ist die Frage: Kommen sie [die Führungskräfte] damit klar [dass es keine Auflösung des Widerspruchs gibt]? Wenn ja, dann ist doch alles gut. Dann versuchen sie, das in eine Reihenfolge zu kriegen.

Die Themen Priorisierung und Entscheidung hängen jedoch eng zusammen, denn eine Priorisierung bedeutet letztlich auch eine Entscheidung. Dennoch zeigt sich in den Interviews ein wichtiger Unterschied. Dieser liegt vor allem darin, dass die Führungskraft bei einer Entscheidung hofft, die Thematik nicht wiederholt aufnehmen zu müssen. Wohingegen bei der Priorisierung der beiden Pole des systemimmanenten Widerspruchs deutlicher mitschwingt, dass es eine temporäre Lösung ist, die sich auch schnell wieder ändern kann.

In dem Moment, in dem Aufgaben oder Themen in eine zeitliche Reihenfolge gebracht werden, hat dies Einfluss auf die Einschätzung der Wertigkeit, das persönliche Zeitmanagement und auf die Frage, welche Aufgabe vom eigenen Team zuerst erledigt werden soll.

Wer sich mit dem Thema Zeitmanagement und Priorisierung beschäftigt, dem wird wohl zwangsläufig das Eisenhower-Prinzip begegnen. Dieses wird dem ehemaligen amerikanischen Präsidenten Eisenhower (1954) zugeschrieben, der in einem Grußwort für die Second Assembly of the World Council of Churches, Evanston, Illinois einen nicht näher genannten Universitäts-Präsidenten wie folgt zitiert:

"This President said: 'I have two kinds of problems, the urgent and the important. The urgent are not important, and the important are never urgent'."

[„Dieser Präsident sagte: ‚Ich habe zwei Arten von Problemen, die dringenden und die wichtigen. Die dringenden sind nicht wichtig und die wichtigen sind nie dringend'."]

Aus dieser grundsätzlichen Unterscheidung zwischen dringenden und wichtigen Themen hat sich die Matrix der Einordnung von Aufgaben in vier Kategorien entwickelt (vgl. Covey, 2012):

a) Wichtig und dringend
b) Wichtig, aber nicht dringend

c) Dringend, aber nicht wichtig
d) Weder dringend noch wichtig

Dabei wird Wichtigkeit daran gemessen, wie sehr eine Aufgabe den eigenen Zielen dient, bzw. wie groß die Konsequenzen sind, die mit dieser Aufgabe verbunden sind. Dies kann Kosten, Gesundheit, rechtliche Fragen o. a. betreffen.

Hinter der Dringlichkeit steckt die Frage nach dem Termin, also bis wann die jeweilige Aufgabe erledigt sein soll.

Diese Matrix ist für die Priorisierung im systemimmanenten Widerspruch jedoch nur eingeschränkt hilfreich, denn die Problematik liegt ja eben darin, dass beide Seiten des Widerspruchs gleich wichtig sind. Es bleibt also als Orientierungshilfe nur die Unterscheidung nach „dringend" oder „weniger dringend". An dieser Stelle entsteht zusätzlicher Druck, denn eine Führungskraft soll agieren und nicht reaktiv arbeiten. D. h. von der Führungskraft wird selbstverständlich erwartet, dass sie die richtigen Prioritäten setzt, bevor etwas dringend wird. Sie merken sicher selbst: Der Knoten der Erwartungen verwickelt sich für die Führungskraft immer mehr.

Das Kriterium Dringlichkeit wird von den befragten Führungskräften rational eingeschätzt und zeigt sich u. a. in den vielfältigen Überlegungen: Was ist gerade machbar? Von wo kommt der größere Druck? Wer schreit am lautesten? Was kann ich meinem Team im Moment am ehesten zumuten?

Diese Form der Priorisierung ist jedoch nur vordergründig rational und argumentativ begründbar. Sie verläuft bei näherer Betrachtung nicht ganz so objektiv und sachlich, wie es auf den ersten Blick scheint. Die dabei gestellten Fragen sind nämlich durchaus mit Emotionen wie z. B. Angst, Ärger, Hoffnung u. a. verbunden.

Nun mag man dazu verleitet sein, Führungskräften aufgrund ihrer Orientierung an Gewinn und persönlichem Status, Einfluss o. ä. die Priorisierung zum eigenen Nutzen zu unterstellen. Die Studie aber zeigt etwas anderes: Führungskräfte sind keine reinen Selbst- bzw. Nutzenoptimierer.

Es ist sehr wichtig, dass man auch mal seinen persönlichen Vorteil hintenanstellt und sagt: ‚Es passt jetzt.'

Die Studienergebnisse stellen damit die Fiktion des Homo oeconomicus (vgl. Beck, 2014, S. 2) als rational ausgerichteten Eigennutz-Maximierer eindeutig in Frage. Führungskräfte stellen in ihrer Priorisierung in den allermeisten Fällen den Nutzen für das Unternehmen vor den persönlichen Nutzen. Eine Führungskraft bringt das wie folgt auf den Punkt:

> *Ich habe aus meiner Sicht im Sinne eines Optimums für [Unternehmensname] entschieden.*

Dennoch muss darauf hingewiesen werden, dass die befragten Führungskräfte unter den KollegInnen auch solche kennen, die den eigenen Nutzen vor das Unternehmensinteresse stellen. Bei ihren Entscheidungen spielt *das Wohlergehen anderer Menschen oder auch Vorlieben für Fairness* keine Rolle. Dennoch stellen sie kein realistisches Bild des Homo oeconomicus dar, denn sie sind dabei durchaus von Emotionen begleitet und fehleranfällig, wenn es um die Aufnahme und Verarbeitung von Informationen geht.

Vielleicht haben Sie schon von der Spieltheorie gehört? Besonders bekannt ist das „Gefangenendilemma" (vgl. Davis, 1993, S. 15). In ihr werden gemeinsame und dennoch gegensätzliche Interessen aufgegriffen. Jede/r AkteurIn kann autonom handeln und hat die Möglichkeit, ein kooperierendes oder konkurrierendes Verhalten zu zeigen. Unsicherheit im Sinne von Zufallsereignissen und aufgrund unvollständiger Informationen bestimmen die Spieltheorie ebenso wie strategische Ungewissheit durch die Unvorhersehbarkeit der Aktionen anderer (vgl. Güth, 2013, S. 5). So kann der/die KooperationspartnerIn eine wohlwollende Absicht vortäuschen, um seinen/ihren eigenen Vorteil auszubauen. Das Handeln des/der anderen bleibt unberechenbar. Kooperation gelingt nur, wenn der langfristige Nutzen erkannt und der individuelle Vorteil zugunsten des Kollektivs aufgegeben wird (vgl. Fontin, 1997, S. 66). In Unternehmen zeigt sich die Thematik z. B., wenn es um die Rendite einer Abteilung geht (und damit um Prämienzahlungen), die nur zu erreichen ist, wenn zulasten anderer Abteilungen und damit zulasten des Gesamtergebnisses agiert wird. Kurzfristiger Erfolg widerspricht dabei langfristig erfolgreicher Kooperation.

Die Befragten müssen demnach im kollegialen Miteinander auch mit Unsicherheiten im Einschätzen des Verhaltens der KollegInnen leben (vgl. Güth, 2013, S. 5). KollegInnen, die eher im Sinne des Eigennutzes entscheiden, schmälern den kollektiven Gewinn, um den persönlichen zu erhöhen (vgl. Davis, 1993, S. 15).

Handelt die Führungskraft im mittleren Management im Sinne des Unternehmens, ist dies immer auch ein Agieren in der Verantwortung für ihre MitarbeiterInnen und deren Familien.

> *(…) ich habe eine Verantwortung der Firma gegenüber. Und das war jetzt der falsche Anfang gerade, sondern: Ich habe Verantwortung den Mitarbeitern und deren Familien gegenüber. Klar, und dann habe ich natürlich auch eine Verantwortung meinem Geldgeber gegenüber.*

Führungskräfte zeigen also ein hohes Maß an Verantwortungsbewusstsein. Aber was ist mit der Verantwortung sich selbst und der eigenen Familie gegenüber?

Eine interessante Beobachtung aus unserer Erfahrung als Coaches ist, dass die privaten bzw. persönlichen Themen von der Führungskraft hintenangestellt werden. Wenn aber im Widerspruch die eigenen Bedürfnisse vernachlässigt werden und nach Dringlichkeit priorisiert wird, ist der grundsätzlich positive Ansatz des Priorisierens mit der Gefahr verbunden, die persönliche Überlastung in Kauf zu nehmen. Dieses Risiko entsteht, weil die Führungskraft den eigenen Bedürfnisdruck leichter verdrängen kann. Sie muss sich dafür nur vor sich selbst rechtfertigen und sich niemand anderem erklären. So wird z. B. die eigene Pause oder der pünktliche Feierabend sehr schnell über Bord geworfen, wenn dabei nur die eigene Person betroffen ist. Ein verschobenes Meeting oder eine verlängerte Frist würde im Gegensatz dazu Erklärungen anderen gegenüber erfordern.

> *Dann setze ich mir Prioritäten, was jetzt wichtiger ist. (…) Dann muss man sich wieder irgendwo Zeiten abknapsen oder dazu packen, dass man das, was auch noch abzuarbeiten ist [erledigt]. Ich hänge es immer [zeitlich] zusätzlich hinten dran.*

Aus der Sicht der Führungskraft: Das muss dann halt warten
Julia, 37 Jahre, Teamleiterin. Branche: Handwerk

„Dann wird es Zeit für Plan B". Ich habe diese Worte meines Mannes noch genau im Ohr. Und ich habe mich in letzter Zeit intensiv bemüht, diesen Plan zu entwickeln.
Alle Tipps und Tricks aus dem Buch über Zeitmanagement kenne ich. Pareto, Eisenhower, ALPEN und wie sie alle heißen. Und trotzdem musste ich feststellen: Es funktionierte nicht.
Das Geschenk für den Kindergeburtstag meiner Tochter zu besorgen habe ich nur deshalb nicht verschwitzt, weil Thomas mich mehrfach daran erinnert hat. Und bei jeglichen Sportwettkämpfen oder Schulveranstaltungen bin ich wohl die einzige Mutter, die in letzter Zeit nie anwesend war.
Ich war es leid, mich als Rabenmutter zu fühlen.
Meine fehlende Fitness spüre ich mittlerweile schon beim Treppensteigen und es ärgert mich, dass ich die Zeiten fürs Joggen immer wieder gecancelt habe. Und über meine Essgewohnheiten will ich auch nicht mehr diskutieren. Ich weiß ja selbst, dass eine Mahlzeit an der Tastatur und mit dem Telefon am Ohr weder eine Pause noch gesund ist.
Die Arbeitskraft des Mitarbeiters, der mir so dringend fehlt, kompensiere ich nun seit Monaten, und dieser angebliche Ausnahmezustand, der sich als Dauerzustand zu entpuppen scheint, muss endlich ein Ende haben.
Ich kann nicht mehr.
Plan B. Wie kann der aussehen?
Ich fing an, zu überlegen, was wieder Zeit in meinem Leben brauchte. Die Liste wurde lang, brachte mir aber Klarheit.
Dem stellte ich gegenüber, was ich alles an Aufgaben wahrnahm. Auch diese Liste war lang. Weniger eindeutig zwar als meine erste Liste, aber definitiv länger. Nun kam der schwerste Schritt. Was war dringlich, was wichtig?
Ich begann meine Liste der Aufgaben zu priorisieren und

(…) mir Zeit zu nehmen, mich zu sortieren. Also, ich merke das oft, dass ich sagen muss: ‚So, jetzt muss ich mal meinen Schreibtisch ordnen, priorisieren. Wo fange ich jetzt an? Was ist wichtig, was hat Zeit?' Also, dass ich für mich einfach versuche, durchzuatmen und sage: ‚Okay, jetzt brauche ich einen Schlachtplan. Wo fange ich an? Was ist jetzt wichtig und wo kann ich noch Sachen liegen lassen?'

Erschreckenderweise stellte ich fest, dass es viel zu viele Aufgaben gab, die aus beruflicher Sicht wirklich dringlich und wichtig waren. So würde ich also nicht weiterkommen. Es reichte nicht aus, mit meiner Priorisierung ausschließlich meinen Rollenkonflikt zwischen Führungskraft, Mutter und Partnerin in den Blick zu nehmen. Ich musste diesen systemimmanenten Widerspruch von Produktivität vs. fehlender Ressourcen (Mitarbeiter und Zeit) irgendwie lösen.

Ich grübelte lange und priorisierte sehr klar:

Zuerst musste ich mich um eine/n neue/n KollegIn kümmern. Das würde nicht leicht werden, aber es schien mir auch nicht unmöglich. Dann würde ich diese Person einarbeiten, damit sie mich entlasten kann, indem sie einige meiner Aufgabenbereiche übernimmt. Soweit schien mir das klar.

Nun kam der schwierigere Teil. Ich musste mir bewusst werden, was ich dafür hintenanstellen würde. Es bedeutete, dass ich Geld aus meinem Abteilungsbudget in die Hand nehmen müsste. Der/die MitarbeiterIn würde mich Geld und Zeit kosten. Beides würde ich sicherlich auf meiner Kostenstelle und im Jahresergebnis deutlich spüren und auch daran, was erst einmal täglich an Arbeit liegen bleiben würde. Was würde also wegfallen müssen, wenn ich vielleicht nicht pünktlich, aber wieder halbwegs familienfreundlich Feierabend machen wollte?

Am Ende hielt ich einen Plan B in den Händen.

Ob dieser meinem Chef gefallen würde, war mehr als fraglich. Dennoch war ich bereit, für diesen Plan zu kämpfen.

Es geht hier immerhin um mein Leben, meine Familie und auch meine Energie und Freude an meiner Arbeit. Vielmehr noch geht es auch um die vorhandenen MitarbeiterInnen, die so wie ich in den letzten Monaten vieles abfangen mussten und mittlerweile wirklich auf dem Zahnfleisch gehen. Und erwartet mein Vorgesetzter nicht stets von mir, dass ich Lösungen finde?

Ich hatte eine Lösung gefunden. Sie war langfristig im Sinne des Unternehmens. Denn es sollte weder mich als Führungskraft verheizen und verlieren, noch sollten wichtige Aufgaben längerfristig liegenbleiben. Kurzfristig betrachtet mag es so aussehen, als würde ich dabei nur an mich denken, weil das Anliegen des Unternehmens, die Produktivität, erst einmal in der Prioritätenliste warten musste. Aber auf lange Sicht, würde ich die Produktivität steigern.

Das war mein Plan B.

Ich wollte zukünftig meine Prioritäten klarer setzen und Widersprüchen schneller entgegentreten. Außerdem wollte ich bewusst darauf achten, dass auch meine Rollen als Mutter und Ehefrau wieder in meinem Zeitmanagement vorkommen.

Wie die Geschichte von Julia weitergeht, lesen Sie in Abschn. 5.2.2.

> **Standortbestimmung**
> - Mit welcher Gewichtung haben Sie persönliche bzw. private Themen auf Ihrer Prioritätenliste?

Neben der Vernachlässigung der eigenen Bedürfnisse besteht eine zweite Gefahr zur Überlastung der Führungskraft darin, dass die eigenen MitarbeiterInnen Sie aufgrund mangelnder Transparenz der Prioritäten nur wenig bis gar nicht unterstützen können. Dabei gibt es aus der subjektiven Sicht der Führungskraft gute Gründe dafür, die MitarbeiterInnen nicht mit „unausgegorenen" Informationen bzw. Argumenten zu belasten. Die fehlende Unterstützung durch das eigene Team liegt in aller Regel weniger am fehlenden Willen Ihres Teams, als viel mehr daran, dass es Verschiebungen in den Prioritäten aufgrund fehlender Kommunikation nicht nachvollziehen kann.

Es bringt nichts, im stillen Kämmerchen einen Plan zu schmieden, den andere nicht nachvollziehen können. Der ist nicht umsetzbar.

Wenn nicht alle für eine Priorisierung benötigten Informationen vorliegen, handelt der Mensch nach Moral- und Wertvorstellungen und entscheidet im Sinne dessen, was er subjektiv für „richtig" hält. Diese bereits im letzten Kapitel erläuterten Heuristiken (Faustregeln), die durchaus positiv zu wertende Entscheidungshilfen darstellen, können aber auch zu kognitiven Verzerrungen führen und die Urteilskraft beeinflussen. So werden unvollständige, aber zufällig verfügbare Informationen überbewertet oder Informationslücken bei der Bewertung ignoriert (vgl. Kahneman, 2012, S. 139–231).

Dann geschieht eine Priorisierung auch schon einmal, so merkwürdig es klingt, reflektiert und bewusst, aber dennoch aus dem Bauch heraus.

Das ist rein mein Bauchgefühl, tatsächlich, das dann auch entscheidet, (…) dann ist es doch am Ende das Gefühl, das entscheidet, im Normalfall, und hilft.

In den Interviews zeigt sich, dass die Führungskraft in solchen Fällen für eine anstehende sowie für eine erfolgte Priorisierung keine rationalen Argumente findet und deswegen eine transparente Kommunikation vermeidet. Denn wie erkläre ich als Führungskraft eine Bauchentscheidung, wenn im beruflichen Kontext Professionalität bei Priorisierungen vorausgesetzt wird?

Wenn die Führungskraft ihre Priorisierung nicht argumentativ begründen und deshalb schlecht kommunizieren kann, hat dies Auswirkungen auf das Delegationsverhalten. Teilbereiche der Gesamtaufgabe können nur unklar weiterdelegiert werden. Was bei den MitarbeiterInnen ankommt, ist der Druck der Situation.

Dies beschreibt eine/r der befragten Coaches wie folgt:

Weil sie [die Führungskräfte] dann ja auch teilweise nicht mehr delegieren können, weil die Aufgaben ja nicht klar sind. Also können sie sie auch nicht mehr klar delegieren. Aber den Druck geben sie doch weiter und sagen: ‚Ja, der Chef hat [gesagt], ich soll das und das machen. Mach du das für mich!' Aber sie wissen gar nicht einmal, was ihnen weitergegeben worden ist und geben das aber so unklar und intransparent sozusagen ihren Mitarbeitern dann wieder weiter.

Manche treffen einfach dann ihre Entscheidung und sagen: ‚Ich mache das jetzt so. Wenn ich einen auf den Deckel bekomme, dann bekomme ich einen auf den Deckel. Ansonsten nutze ich die Freiräume.'

Häufiger erlebe ich, dass die unsicher sind und sich durch diese Unsicherheit nicht trauen, etwas zu machen, also einfach auch die eigenen Aktionen verzögern oder dass, wenn es um Informationen geht, um Umsetzungen, das oft genauso wachsweich weitergeben.

Dieser Druck kann sich auch darin äußern, dass die Führungsaufgabe, die eigenen MitarbeiterInnen vor genau diesem zu schützen, nicht mehr wahrgenommen wird.

Andere wiederum geben den Stress und den Druck, den sie bekommen, eins zu eins weiter, was dann manchmal in einer Flut von Kommunikation ausartet, dass sie alle Informationen, die sie selber bekommen eins zu eins einfach durchlaufen lassen an die eigenen Mitarbeiter, obwohl die mit diesen Informationen im Zweifel gar nichts anfangen können. Einfach nur, um selber nicht diese zusätzliche Leistung zu erbringen, das filtern zu müssen für die Mitarbeiter.

Die mangelhafte Kommunikations- und Delegationsfähigkeit wird noch dadurch verstärkt, dass im Widerspruch und der damit verbundenen Belastung für die Führungskraft eine zusätzliche Stresssituation entsteht. Unter Stress neigt der Mensch, also auch die Führungskraft, dazu, Dinge lieber selbst zu erledigen, anstatt sie zu delegieren.

So, wie kriegst du dieses Wissen weitergegeben, wo kannst du dir Slots setzen, wo du ihm [dem Mitarbeiter] das weitergibst, auch wenn das Zeit kostet? Ist ja immer diese Gefahr: ‚Hm, ich mache es lieber schnell selber', so.

Delegation kann Zeit kosten, MitarbeiterInnen müssen gegebenenfalls eingearbeitet und angelernt werden. Ressourcen wie Zeit und Kommunikationsfähigkeit stehen der Führungskraft in einer Stresssituation aber weniger zur Verfügung. Das führt dazu, dass eher weniger als mehr kommuniziert und delegiert wird. Die Situation der Führungskraft verschärft sich zunehmend, bis diese nicht mehr in der Lage ist, überhaupt noch delegieren zu können. Führungskräfte, die nur noch unsauber oder gar nicht mehr delegieren, erleben ihre MitarbeiterInnen zunehmend als Belastung statt als Unterstützung.

Das sind dann immer solche [Sätze], die dann gerne fallen: ‚Ich bin überfordert. Ich habe das Gefühl, die Mitarbeiter machen nicht das, was ich gerne hätte. Die Qualität stimmt nicht, ich muss immer nacharbeiten. Ja, ja ich soll ja delegieren, aber wie soll ich denn delegieren, wenn dann nicht das zurückkommt, was ich gerne an Qualität hätte?'

Damit Ihr Team Sie im systemimmanenten Widerspruch adäquat unterstützen kann, ist es erforderlich, Priorisierungen argumentativ erklären zu können und daraus notwendige Delegationen abzuleiten.

> **Standortbestimmung**
> - In welchen Situationen fällt es Ihnen schwer, zu delegieren?
> - Mit wem können Sie Situationen der Überlastung und Hilflosigkeit thematisieren?

ArbeitnehmerInnen können sich im Normalfall, wenn sie mit einem Problem nicht selbst zurechtkommen, an die/den Vorgesetzte/n wenden und um Hilfe bitten. Dieses Vorgehen ist für Führungskräfte im systemimmanenten Widerspruch jedoch nicht selbstverständlich. Kommt es doch zu einem „Hilferuf" bei einer Priorisierung, machen Führungskräfte oft schlechte Erfahrungen im Sinne von wenig, bis keiner Hilfestellung.

> *Darauf [eine Priorisierung der Geschäftsführung] haben wir ganz lange gewartet und auch eingefordert, aber es kam einfach nicht. Das ist so ein Thema, da verzweifelt man dann mal fast daran.*
>
> *Es kann mir keiner sagen, wann es einfacher [wird] oder (…) ich einfach aus diesem Spannungsfeld rauskomme. Vielleicht komme ich dann in ein anderes rein, das ist wohl wahrscheinlicher. Aber ich habe halt das Gefühl, ich habe dieses Spannungsfeld nun seit Jahren, und ich komme da einfach nicht raus. (…) Es ist halt immer wieder das Gleiche, und das frustriert mich dann.*

Solange keine Störungen auftreten fragt der/die Vorgesetzte nicht einmal nach getroffenen Priorisierungen der Führungskraft, so die Erfahrung der befragten Coaches.

Nun ist es aber nicht so, dass Vorgesetzte regelmäßig Hilfe verweigern. Selbstverständlich gibt es auch diejenigen, die ihre Unterstützung im systemimmanenten Widerspruch anbieten. Aber manchmal ist es dafür dann bereits zu spät und das Kind schon in den Brunnen gefallen. An dieser Stelle soll eine Führungskraft ausführlicher zu Wort kommen, die den Sachverhalt wie folgt beschreibt:

> *Und dann kam er [der Vorgesetzte] und sagte: ‚Sag mir, was kann ich machen, damit du mir nicht ganz unter die Räder kommst?' Ja, aber ich konnte ihm in dem Moment auch gar nicht sagen, womit er mir helfen kann, weil ich so drinsteckte.*
>
> *Ich weiß, ich muss da raus, aber alles, was zu tun ist, das bringt gerade nichts, das kann niemand übernehmen. D. h., ich habe gar keine Hilfe annehmen können, obwohl sie angeboten wurde.*
>
> *Und das hat mich so verzweifelt gemacht, weil ich merkte, mir kann gerade niemand helfen. Ich stecke wo drin, und niemand kann mir helfen (…). Das war so der Punkt, an dem ich sagte: ‚Okay. Wow. Was machst du jetzt?'*

> *Ich habe dann wirklich überlegt: Was kann der Vorgesetzte machen? Auch der [Vorgesetzte eine Ebene darüber] fragte, was er tun kann, der hat ja meine Verzweiflung auch gemerkt, aber ich konnte doch keine Antwort geben. Ich hatte keine. Ich konnte es nicht sagen. (…) Dann ist man da so tief drin, dass man gar nicht mehr den Blick dafür hat, was der andere dir gerade abnehmen kann. Das hat mich so verzweifelt gemacht.*
> *Diese Erkenntnis: Dir kann gerade keiner helfen.*

Widersprüche werden zu einem Kampf, führen manchmal bis zur Delegationsunfähigkeit und enden unter Umständen in Hilflosigkeit und Verzweiflung der Führungskraft.

Praxistipp

- Behalten Sie neben den beruflichen Themen auch Ihre privaten Bedürfnisse im Blick.
- Priorisieren Sie Ihre Aufgaben und berücksichtigen Sie dabei Dringlichkeit und Wichtigkeit.
- Machen Sie Ihre Prioritäten und wie Sie dazu gekommen sind transparent.
- Bleiben Sie in der Kommunikation mit anderen.

Komprimierte Studienergebnisse

- Alle befragten Coaches kennen aus ihrer Tätigkeit Führungskräfte, die im Widerspruch die Situation analysieren. Oftmals erfolgt dann eine Priorisierung.
- In den meisten Fällen treffen Führungskräfte beim Priorisieren ihre Entscheidungen rational und bauen sie auf Argumenten auf.
- Im Lösungsansatz des Priorisierens handeln die befragten Führungskräfte vorrangig im Sinne des Unternehmens. Der eigene Vorteil wird dabei vernachlässigt.

5.1.3 Verschweige

Das Sprichwort „Reden ist Silber – Schweigen ist Gold" erhebt das Schweigen zur perfekten Kommunikation.

> **Standortbestimmung**
> - Was löst Schweigen in Ihnen aus?
> - Wann setzen Sie selbst es ein?

Hinter der o. g. Redewendung steckt die vielfache Beobachtung, dass die Fülle der genutzten Worte in der zwischenmenschlichen Kommunikation nicht immer der guten Absicht dient (vgl. Bellebaum, 1992, S. 56–57).

In einer Welt, in der die Informationsflut und die Verbreitung von Fake News, Gerüchten und Scheininformationen schneller und ausführlicher denn je stattfindet, ist dieser Ansatz sicher neu bedenkenswert.

„Schweigen als Verzicht auf gesprochene und geschriebene Sprache ist das Eine, Verschweigen als bewusster Verzicht auf die Weitergabe von Informationen das Andere. Wer schweigt, muss ja nicht zugleich etwas verheimlichen – und wer etwas für sich behält, muss übrigens nicht zugleich schweigen, weil man schließlich auch beim Sprechen etwas unausgesprochen lassen kann" (Bellebaum, 1992, S. 82).

In Kap. 4 (Kommunikation als Führungsaufgabe) haben wir bereits dargelegt, wie entscheidend Kommunikation, insbesondere im systemimmanenten Widerspruch, sowohl im Zuhören als auch im Mitteilen ist.

Schweigen ist spätestens seit der Erkenntnis von Paul Watzlawick (1969) „Man kann nicht nicht kommunizieren" (S. 53) durchaus als Ausdruck der Kommunikation anerkannt. D. h. auch die komplette Stille zwischen Menschen hat eine Aussagekraft und ist unter Umständen sehr vielsagend.

Im Zusammenhang mit systemimmanenten Widersprüchen stoßen wir von zwei Seiten auf das Phänomen des Schweigens.

Im Abschn. 5.1.2 wurde deutlich, dass die Unfähigkeit der Führungskraft, schwierige Zusammenhänge bzw. ihre innere Antriebslage auszudrücken, zu einer wahrnehmbaren Reduktion der Kommunikation führt.

Die andere Seite, die wir in diesem Kapitel aufgreifen, betrachtet das Schweigen bzw. Verschweigen als bewusst gewählte und zielgerichtete Kommunikationsform.

In der Studie stellt sich die Strategie des Verschweigens als ein kommunikatives Verhalten der Minderheit dar. Da sie jedoch explizit benannt wird und eine spezielle Form des kommunikativen Verhaltens darstellt, greifen wir sie hier gesondert auf.

Einzelne Befragte berichten über Motive, die zum Verschweigen führen. So erleben Führungskräfte z. B. ein von Angst beherrschtes Handeln im Unternehmen, das eng mit dem Thema der Fehlerkultur zusammenhängt.

> *Fehler sind immer böse, böse, böse. Fehler? Immer Konsequenzen, Konsequenzen, Konsequenzen. Ja und dann ist es völlig klar, dass das nicht nur unbequem ist, sondern dass du dich davor möglicherweise auch schützen willst oder musst.*

Angst vor Fehlern sowie davor, bloßgestellt zu werden, und vor unangenehmen Konsequenzen bei einem gleichzeitig hohen Anspruch an sich selbst führen hin und wieder dazu, dass Führungskräfte den Vorgesetzten gegenüber Informationen verschweigen. Auch die Vorsicht im Umgang mit als unberechenbar erlebten Vorgesetzten wird als ein Motiv genannt.

> *(…) die [Führungskräfte] waren es nicht gewohnt, ihrem früheren Chef gegenüber die Wahrheit zu sagen, sondern die haben halt immer alles schöngeredet, weil er Schönes hören wollte.*

Je nach Persönlichkeit der Führungskraft und konkreter Situation werden diese Erfahrungen im Nachgang eher rational oder emotional bewertet. Beide Bewertungen führen jedoch zu einer bewussten Selektion von weitergegebenen Informationen. Man könnte auch kurz und knapp sagen: Unberechenbare Vorgesetzte bringen Führungskräfte zum Verstummen.

Im Gegensatz dazu erleben viele Führungskräfte: Wenn es positive Erlebnisse und Beobachtungen für die Sprachfähigkeit der Beteiligten in schwierigen Situationen gibt, ist die Tendenz zum Schweigen sowie zum Verschweigen geringer.

Neben der Unternehmenskultur spielt die Persönlichkeit eine wichtige Rolle, wenn es um das Verschweigen vonseiten der Führungskraft geht. So wie es diejenigen gibt, die sich gerne mitteilen, gibt es auch jene, die Bedenken, Schwierigkeiten und Emotionen mit sich selbst ausmachen.

> **Standortbestimmung**
> - Welche Motive haben Sie, Dinge zu verschweigen?
> - In welchen Situationen sprechen Sie zu viel, in welchen zu wenig?

Wenn Verschweigen als Strategie genutzt wird, stellt sich die Frage, welche Ziele damit verfolgt werden? Beispielhaft wollen wir hier vier Ziele benennen, die allerdings keinen Anspruch auf Vollständigkeit erheben.

a. Diskussionen vermeiden Das haben Sie als Führungskraft bestimmt auch schon erlebt: Wer viel fragt, bekommt auch viele Antworten. Aufgrund dieses erfahrungsbasierten Wissens wird der/die Vorgesetzte in Unkenntnis über die Überlegungen und Entscheidungen der Führungskraft gelassen. Die Vorgesetzten sind weniger in die operativen Themenfelder involviert als die Führungskraft. Zudem haben sie eine geringere Bindung zu den MitarbeiterInnen und können daher deren Fähigkeiten weniger gut einschätzen. Folglich sieht die Führungskraft sich als ExpertIn, der/die keine unnötigen Diskussionen über Entscheidungen im Blick auf seine/ihre MitarbeiterInnen und die operativen Prozesse mit Vorgesetzten eingehen will.

> *Also, die Diskussion gehe ich aber in letzter Zeit nicht mehr so ein.*
> *Deswegen habe ich aber die Strategie entwickelt, dass ich bestimmte Dinge einfach, ja, nicht ihm [dem Vorgesetzten] vorenthalte, aber ich erzähle es ihm auch einfach nicht mehr (…).*

b. Frustration vermeiden Wenn eine Hilfestellung durch Vorgesetzte ausbleibt, entsteht häufig Frustration. Dies bringt für die Führungskraft ein Gefühl der Enttäuschung mit sich und verdeutlicht die Ausweglosigkeit der Situation noch mehr. Um diese Frustration zu vermeiden, verschweigt die Führungskraft die Thematik.

c. Zusätzlichen Aufwand vermeiden Manche Vorgesetzte nehmen sich der Problematiken im systemimmanenten Widerspruch durchaus an. Allerdings erzeugen sie im Versuch, zu helfen, zusätzliche Arbeit für die Führungskraft, indem sie weitergehende Informationen anfordern oder das Problemfeld unter zusätzlichen Aspekten beleuchten wollen. Um diesen Mehraufwand zu verhindern, schweigt die Führungskraft und benennt die Probleme nicht.

d. Eskalation vermeiden Die Führungskraft möchte den unlösbaren Konflikt im systemimmanenten Widerspruch nicht thematisieren, um diesen nicht noch zu verschärfen. Die Konfliktvermeidung kann auch aufgrund „persönlicher Beziehungen" und „aus Sorge, den anderen zu kränken" (Simon, 2006, S. 158) erfolgen.

Aber manchmal fällt es mir auch schwer, ehrlich zu sein, damit ich die andere Person vielleicht nicht verletze oder ihr zu nahe trete, sozusagen. Also da habe ich dann eher auch die Probleme beim Vorgesetzten, zu sagen: ‚Du, das passt nicht. Da müssen wir dran arbeiten', weil ich ihn nicht kränken will. (…) Oder dass es manchmal auch schwierig ist, wenn man sich zu gut versteht (…). Da ist das dann immer etwas schwierig, einen Weg zu finden, ohne das Persönliche irgendwie zu beeinträchtigen.

Das Verschweigen beschränkt sich nicht nur auf das berufliche Umfeld, sondern wird auch im privaten Kontext praktiziert. Die unlösbaren Themen des Widerspruchs wiederholen sich naturgemäß und müssten deshalb immer wieder in den Gesprächen auftauchen. Interessanterweise führen aber gerade systemimmanente Widersprüche auf längere Sicht zu immer weniger Gespräch über diese Themen. Ein Grund dafür ist, dass die Partnerschaft nicht mit diesen Themen belastet werden soll. Ein anderer Grund ist, dass die Führungskraft wenigstens zu Hause von diesen Themen verschont bleiben will.

Also ich bin jetzt nicht derjenige, der allzu viel daheim erzählt, weil ich dann auch mal meine Ruhe haben will und nicht das Ganze nochmal durchleben will, am Abend, und abschalten will.

Wenn die Führungskraft zu einem späteren Zeitpunkt allerdings zu der Erkenntnis kommt, dass Verschweigen keine gute Strategie war, ist eine Änderung des kommunikativen Verhaltens dann sowohl im privaten als auch im beruflichen Umfeld mit deutlichem Aufwand verbunden.

Denn nun muss das eigentliche Thema benannt werden, welches wahrscheinlich komplex genug ist. Zusätzlich muss das Gegenüber den gedanklichen Vorsprung des Schweigenden aufholen. Dazu braucht es nun umso mehr Erklärungen oder Argumente, um das Gegenüber wieder mit ins Boot zu nehmen.

Außerdem kann aus dem ursprünglichen Verschweigen ein Misstrauen oder zumindest Skepsis bei dem/der anderen entstehen. Das Gegenüber fragt sich möglicherweise: „Warum wurde das Thema bislang nicht angesprochen?" In einem solchen Gespräch ist es also erforderlich, erst die Beziehungsebene und die Frage des gegenseitigen Vertrauens aufzuarbeiten. Die Vielzahl an möglichen Konsequenzen, die das Brechen des Schweigens mit sich bringt, führt deshalb oft zur Entscheidung, das Schweigen aufrecht zu erhalten. So entsteht aus einem ersten Verschweigen eine Spirale der Stummheit.

Aber bei mir ist das eher so, dass ich es vor mir herschiebe und mich frage: ‚Spreche ich es an? Spreche ich es nicht an?' In drei Wochen ist es vielleicht vergessen, aber manchmal denke ich dann auch: ‚Warum hast du es nicht in dem Moment angesprochen, statt es vor dir herzuschieben und nie auszusprechen?'

Dieser Logik folgend, ergibt sich die provokante Aufforderung:
Wenn Sie verschweigen, tun Sie es konsequent und bis zum Schluss!
Oder reden Sie von Anfang an!
Neben dieser Problematik hat das Verschweigen, wie jede andere Form des kommunikativen Verhaltens, weitere mögliche, ungewollte Folgen.

Am häufigsten ist dabei die missverständliche Deutung. Denn wenn geschwiegen wird, bleibt dem/der „HörerIn" ein großer Interpretationsspielraum über die Vielzahl der möglichen Motive. Vorausgesetzt, er/sie ist sich des Schweigens des Gegenübers überhaupt bewusst.

Die Absicht des Verschweigens sowie des Schweigens kann erst final gedeutet werden, wenn darüber gesprochen wird.

Sie bemerken sicher den Widerspruch, der darin liegt.

Neben der Bewertung des Verschweigens als Kommunikationsoption unter dem inhaltlichen Aspekt des Nutzens soll an dieser Stelle auch ein psychischer bzw. psychosomatischer Gesichtspunkt erwähnt sein.

„Solange ich meine Schuld verschwieg, wurde ich von Krankheit zerfressen, den ganzen Tag habe ich nur gestöhnt" (Die Bibel, 2021, Psalm 32, 3).

Bereits in diesem sehr alten Text (ca. 1000 v. Chr.) wird beschrieben, wie verschwiegene Fehler sich bis in körperliche Symptome hinein auf den Menschen auswirken können. Dies scheint also kein Problem der Neuzeit zu sein, sondern ein zutiefst menschliches Thema. Das „schlechte Gewissen", bewusst Dinge verschwiegen zu haben, hinterlässt Spuren in der Gesundheit. So berichten Menschen im Coaching von Schlafstörungen, Stimmungsschwankungen, Gereiztheit bis hin zu Folgen durch muskuläre Verspannungen, wenn Dinge über eine längere Zeit verschwiegen werden.

Das Verschweigen als Weg des Umgangs mit systemimmanenten Widersprüchen kann auch von der Hoffnung begleitet sein, das schwierige Thema nicht ständig weiter bedenken zu müssen. Diese Hoffnung erfüllt sich jedoch meistens nicht. Das Verschweigen erweist sich dafür als ungeeignetes Mittel. Das hat mit der Eigenschaft des menschlichen Gehirns zu tun, nicht nicht an etwas denken zu können.

Nehmen Sie zum Beispiel die Aufforderung: „Bitte denken Sie jetzt auf keinen Fall an einen rosa Elefanten." Und schon ist es passiert. Im Kopf entsteht genau dieses Bild. An etwas nicht denken zu wollen oder zu dürfen, richtet die Gedanken erst recht auf diese Thematik.

Ein häufig beschriebenes Phänomen ist in diesem Zusammenhang die Unfähigkeit von Führungskräften, abschalten zu können und das ständige Nachdenken über die Situation.

Das heißt, alles, was passiert, auch auf sachlicher Ebene, das nimmt mich trotzdem emotional immer mit. Ich nehme das mit nach Hause oder in mein Privatleben mit. Das ist auf jeden Fall so, ja. Ich kann da nicht sagen, ich mache den Computer aus und gehe heim. Es rattert dann einfach auch abends noch weiter. Je nachdem, was das für Tage sind, ist das mal mehr und mal weniger.

Einerseits erleben Führungskräfte das Reden über belastende Situationen durchaus als hilfreich. Andererseits besteht das Bemühen, den Privatraum vor beruflichen Einflüssen zu schützen. Eine Führungskraft erzählt:

Ich habe keinerlei privaten Kontakt in die Firma. (...) Ich trenne Privat und Job.

Führungskräfte antworten auf die Frage, ob sie manchmal berufliche Themen (gedanklich) mit nach Hause nehmen, z. B. wie folgt:

Das habe ich früher verstärkt getan. Mittlerweile, weil ich gemerkt habe, es tut mir aber nicht gut, versuche ich das auf ein Minimum zu reduzieren.

[Mein Coach] hat mich kurz vor dem Burnout gerettet. Weil ich damals Arbeit und Privat gar nicht mehr getrennt habe. Ich habe 7 Tage die Woche gearbeitet, Samstag und Sonntagvormittags war Standard. Ich habe den Stress und die Themen mit nach Hause genommen und bin überhaupt nicht mehr runtergekommen.

Aus der Sicht der Führungskraft: Dazu sage ich nichts (mehr)

Sven, 42 Jahre, Teamleiter. Branche: Versicherungen

Ich beobachte das jetzt schon eine ganze Weile und je länger das so geht, macht es mir mehr Mühe. Diese Firma verändert sich – und zwar in eine Richtung, die mir nicht gefällt.

Ich will kein Nestbeschmutzer sein, und eigentlich bin ich wirklich ein eher optimistischer Typ. Aber je stärker die drohende Fusion unserer Geschäftsführung als Angst im Nacken sitzt, desto mehr steigt der Druck auf die eigenen Mitarbeiter. Und gleichzeitig wird jeden zweiten Tag betont, wie wichtig die eigenen Leute sind und dass wir auf uns achten sollen.

So langsam kann ich das nicht mehr richtig ernst nehmen.
Und wenn ich dann mit dem Thema zu meiner Chefin gehe, weil ich mit ihr mal darüber reden möchte, wie es weitergehen soll und was ich denn meinem Team sagen kann, dann habe ich anschließend noch mehr Fragen und noch mehr Arbeit.
Dann muss ich noch eine Aufstellung machen und nochmal eine Vorstandsvorlage. Die meisten sind sowieso für den Papierkorb.
Wenn ich versuche, ganz offen mit ihr darüber zu sprechen, dass ich mir auch Sorgen um die Zukunft mache, dann kommen Plattitüden und Durchhaltesprüche. Von daher nehme ich sie schon deshalb nicht mit auf den Weg, weil ich weiß:

(...) ich kriege es von meiner Chefin um die Ohren gehauen. Ich muss das Problem selber lösen.

(...) nein, ich muss eine Mauer aufbauen, ansonsten geht es mir an die eigene Krawatte.

Für meinen Arbeitsbereich, für mein Team, entscheide ich jetzt als Führungskraft und lasse die Unternehmensebene, die weiter oben ist, einfach jetzt mal raus, damit es bei uns passt.

In meinem privaten Umfeld will ich auch niemanden damit belasten Meine Frau steht eh schon ziemlich unter Strom, weil sie seit einiger Zeit alles Familiäre allein abfangen muss. Da will ich sie nicht noch zusätzlich mit meinen beruflichen Problemen nerven. Außerdem beschäftige ich mich den ganzen Tag mit diesen Themen und wenn ich dann nach Hause komme, habe ich keine Lust mehr, den ganzen Kram wieder durchzusprechen und zu erklären.
Am Anfang habe ich im Freundeskreis hin und wieder etwas erzählt. Aber meine Kumpels aus der Doppelkopfrunde sagen mir nur: „Lass es ruhiger angehen. Du weißt doch – jeder ist ersetzbar. Mach Dir nicht so einen Stress!" Vielleicht haben sie sogar Recht, aber es hilft mir in dem Moment auch nicht.
Also sage ich lieber nichts mehr. Aber das schlägt mir seit einiger Zeit auf den Magen und ich merke, wie es brodelt und der Kopf nicht mehr zur Ruhe kommt.
Wie die Geschichte von Sven weitergeht, lesen Sie in Abschn. 7.2.

Gerade im Kontext des systemimmanenten Widerspruchs mit seinen komplexen und uneindeutigen Bedingungen ist Verschweigen eine der am wenigsten zielführenden Handlungsoptionen. Es kann jedoch hilfreich erscheinen, um kurzfristig eine Erleichterung in der Situation zu schaffen.

Praxistipp

- Bedenken Sie, dass Verschweigen zu einem Vertrauensverlust bei Ihrem Gegenüber führen kann und ein größerer Aufwand entsteht, diesen wieder aufzufangen.
- Wägen Sie ab, wann das Gespräch über den systemimmanenten Widerspruch im privaten Rahmen hilfreich ist und wann es zur Belastung wird.
- Seien Sie sich bewusst, dass Schweigen nicht dazu geeignet ist, Transparenz zu erzeugen.
- Suchen Sie nach geeigneten Methoden, um von beruflichen Themen abschalten zu können.
- Betrachten Sie neben der vermeintlichen Ruhe durch das Verschweigen auch den möglichen Erkenntnisgewinn durch den Diskurs über die Thematik.
- Nehmen Sie psychosomatische Symptome ernst und ergreifen Sie Gegenmaßnahmen.

Komprimierte Studienergebnisse

- Verschweigen ist eine Strategie, die nur von einer Minderheit der befragten Führungskräfte angewandt wird.
- Einige der befragten Führungskräfte berichten, dass sie über berufliche Themen im privaten Rahmen eher schweigen und den/die PartnerIn nicht mit einbeziehen.

5.2 Einbezug anderer

Neben der Option, Lösungen im systemimmanenten Widerspruch allein zu finden, gibt es für die Führungskraft die Möglichkeit, andere mit einzubeziehen.

Wir haben bis hierher mehrfach darauf hingewiesen, dass Kommunikation im und über den systemimmanenten Widerspruch eher selten vorkommt. In diesem Kapitel stellen wir eine andere Seite dar. Führungskräfte suchen den Dialog und sie machen damit durchaus auch positive Erfahrungen. Interessant dabei ist, dass nicht der systemimmanente Widerspruch als solcher thematisiert wird. Vielmehr wird eine konkrete Fragestellung, die sich aus dem systemimmanenten Widerspruch ergibt, angesprochen. Für diese wird eine Lösung gesucht, in der Hoffnung, dass sie langfristig Bestand hat, was im systemimmanenten Widerspruch jedoch unmöglich ist.

Der Einbezug anderer kann dabei auf dem Weg zu einer Lösung, im Sinne einer Hilfestellung und Klärung, aus dem beruflichen sowie dem privaten Umfeld erfolgen.

Ist eine eigene Lösung bereits anvisiert, wird vorrangig der/die Vorgesetzte hinzugezogen. Der Einbezug anderer dient dann der Absicherung oder Rechtfertigung für die selbst gefundene Lösung.

5.2.1 Suche Unterstützung

In einer belastenden Situation wie dem systemimmanenten Widerspruch bleibt es nicht aus, dass Themen hin und wieder mit nach Hause genommen werden. Dabei kann es vorkommen, dass die Führungskraft zu Hause leichter reizbar ist oder sich mehr zurückzieht. Ein Großteil der befragten Führungskräfte sucht aber gerade dann bewusst das Gespräch, um das Gegenüber mit auf den Weg zu nehmen und das eigene Anliegen aus der Sicht des/der anderen zu reflektieren.

> *(…), dass ich das (…) mal kurz bespreche und sage: ‚Was meinst denn du dazu?' Und dann kriegt man schon mal eine andere Sicht- und Denkweise, auf die man vielleicht gar nicht so geachtet hätte. Deswegen glaube ich, ist es ganz hilfreich, sowas vielleicht auch mal ins Private mitzunehmen.*

Einzelne Führungskräfte berichten allerdings auch, dass sie in den Privatkontakten eher eine Bestätigung suchen, um eigene Sichtweisen zu legitimieren.

> *Wenn man ehrlich zu sich selbst ist, ja, natürlich spricht man auch mal nach außen oder so, wenn ein bisschen Unsicherheit besteht. Aber letztendlich, ja, bin ich mein bester Ansprechpartner. (…) Dann geht es einfach nochmal*

darum, so eine Bestätigung vielleicht zu bekommen. Unnötigerweise (…), weil ich es dann am Ende doch so mache, wie ich denke.

Den/die PartnerIn in die eigenen Themen einzubeziehen, kann eine Partnerschaft aber durchaus auch belasten. Bleiben im systemimmanenten Widerspruch Entscheidungen offen, werden private Stunden damit verbracht, Lösungen für berufliche Probleme zu finden.

Ich kann damit [mit Situationen, die nicht entschieden werden], nicht umgehen. (…) Ich liege sonst nachts wach. Wenn Sie mit meiner Frau reden würden, es gab Jahre, da (…) mussten wir soviel Zeit da rein investieren, die [beruflichen] Dinge aufzulösen. Und das will ich einfach nicht mehr.

Neben dem/der PartnerIn ziehen Führungskräfte auch FreundInnen oder externe Hilfe über einen Coach hinzu.

Also die Klugen haben einen Ratgeber oder mehrere und (…) lassen sich begleiten, also da gibt es schon eine ganze Menge, (…) die haben da ihre Buddys.

Von einem Coach kann die Führungskraft einen professionellen Umgang mit ihrer Thematik erwarten. Im privaten Umfeld, bei FreundInnen oder Familienmitgliedern, kann sie diesen jedoch nicht zwangsläufig voraussetzen. Da das private Umfeld die Situation nur wenig kennt oder vielleicht auch nicht ausreichend versteht, bedarf dieser unternehmensexterne Dialog einiger Erklärungen. Die Führungskraft muss im Gespräch etwas weiter ausholen. Häufig wird daher eher die Unterstützung im beruflichen Kontext gesucht, in dem eine professionelle Sicht auf die Dinge vorausgesetzt werden kann. Die Führungskraft zieht Vorgesetzte, aber auch KollegInnen hinzu, die helfen sollen, eigene Gedanken zur Thematik zu ordnen und eine Lösung zu finden.

Manchmal kriege ich (…) nochmal einen Impuls. Was mir halt wichtig ist, ist, dass [ein Vorgesetzter] auch ein Impulsgeber ist, der nochmal sagt: ‚Du, pass auf. Alles klar, der Weg ist klar. Das muss die Richtung sein, aber

> *abgesehen davon gibt es noch das und das und das. Und das könnte dir helfen. Guck doch mal.'*
> *(…) dass ich mir dann [in einer widersprüchlichen Situation] eher Unterstützung dazuhole. Ob das jetzt von meinen Kollegen ist oder dem weiteren Vorgesetzten, dann zu sagen: ‚Ich komme da gerade nicht weiter an dem Punkt. (…) Vielleicht kannst du das Problem aus einer anderen Sicht aufzeigen, oder das, was jetzt gerade schwierig ist.' Vielleicht eher, wenn ich merke, ich komme (…) über meinen Weg der Kommunikation oder über die Themen nicht rein, dass ich dann nochmal eine andere Sichtweise mit reinnehme.*

Insbesondere KollegInnen scheinen ein adäquates Gegenüber, da bei ihnen ein Verständnis der Situation im systemimmanenten Widerspruch vorausgesetzt wird. Sie gelten als Verbündete, bei denen zudem wenig Gefahr besteht, dass Informationen in der Hierarchie nach oben oder unten weitergegeben werden.

> *(…) aber eher, dass man mit Führungskräften, die auf der gleichen Ebene sind, dass man mit ihnen kommuniziert: ‚Hast du das Problem auch. Wie löst du das? Wie geht es dir damit?'*
> *Also ich habe da auch schon mit Kollegen darüber gesprochen, denen geht es ja ähnlich.*

Andere Meinungen einzuholen dient dazu, Sichtweisen abzugleichen und aus dem Handeln der KollegInnen zu lernen. Wie hilflos Führungskräfte zum Teil im Umgang mit systemimmanenten Widersprüchen sind, wird in der Suche nach Patentlösungen deutlich.

> *Deswegen habe ich es ganz gerne, dass ich auch mal rechts und links gucken kann. Wie machen andere das, was kann man davon lernen?*
> *Jeder spricht da mit dem anderen: ‚Wie löst du das? Wie machst du das? Gibt es da vielleicht ein Patentrezept (…)?'*

Neben allen positiven Aspekten im Einbezug der KollegInnen läuft die Führungskraft gleichzeitig Gefahr, im Austausch mit diesen als schwach stigmatisiert zu werden. Führungskräfte, die solche Erfahrungen machen, sind verständlicherweise erst recht zurückhaltend, noch einen Schritt weiter zu gehen und die/den eigene/n Vorgesetzte/n um Hilfe zu bitten.

Dann hat [man] irgendwie, wenn man darüber spricht, so das Gefühl, als wenn gleich einer das Taschentuch rüberreichen möchte. So nach dem Motto: ‚Jetzt hör´ doch auf zu heulen'.

Gelegentlich dient der Einbezug anderer Führungskräfte dem Frustabbau, sind die KollegInnen doch in der gleichen Situation. Bei ihnen kann die Führungskraft negative Emotionen, die mit dem systemimmanenten Widerspruch einhergehen, loswerden.

Neurowissenschaftler der University of California in Los Angeles (vgl. Liebermann et al., 2007) haben in Studien über bildgebende Verfahren (Neuroimaging) herausgefunden, dass das Aussprechen von „negativen" Emotionen Aktivitäten im Gehirn auslöst, die helfen, emotionale Auswirkungen von Situationen zu reduzieren und das innere Gleichgewicht zu erhalten. Das bedeutet, das impulsiv ausgelöstes Verhalten gedämpft wird und eine Impulskontrolle möglich ist. „Negative" Emotionen im persönlichen Gespräch zu benennen und auszusprechen hat den Effekt, dass sie nachlassen (vgl. Spiegel Wissenschaft, 2007).

Ein Austausch, in dem sich Führungskräfte jedoch gegenseitig ausschließlich in den negativen Emotionen bestärken und die schlechte Lage und gegebenenfalls unzureichende Hilfestellung beklagen, löst hingegen nur noch mehr negative Emotionen aus. Das dies zur Lösung der Situation wenig beiträgt, ist offensichtlich. Es ist das eigene Mindset, d. h. die Denkweise, die dazu beiträgt, wie der Umgang mit der problematischen Situation aussieht.

Vielleicht kennen Sie Situationen, in denen Sie unsicher sind, ob und wie Sie diese bewältigen können. Sie können sich sagen: „Ich schaffe das." Oder auch: „Ich schaffe das sowieso nicht." Sie werden in der Regel in beiden Fällen recht behalten.

Eine negative Einstellung stört die eigentliche Leistung. Denken Sie aber positiv und sprechen Sie mit anderen auch in einer positiven und konstruktiven Weise darüber, wird das eigene Handlungsrepertoire erweitert (vgl. Wirth, 2013). Im besten Fall überlegt Ihr Gegenüber nicht nur mit Ihnen, welche Möglichkeiten Sie haben und was Sie ausprobieren könnten, sondern macht Ihnen Mut und vermittelt Ihnen Zutrauen. Mit einem positiven Mindset werden Sie eher darauf vertrauen, dass Sie die schwierige Situation bewältigen können. Ihr Selbstbewusstsein verringert Ihre Sorge und Angst.

Da Angst hemmt und Fehler erzeugt, sollte es ohne Angst möglich sein, aufgrund der positiven Haltung einen guten Umgang mit dem systemimmanenten Widerspruch zu finden.

Keine Angst zu haben ist also der Schlüssel zur Lösung? So einfach soll das sein? Nicht ganz, aber es ist ein Anfang.

Wer Angst hat, macht Fehler. Wer Fehler macht, muss sich rechtfertigen. Wer in die Rechtfertigungsposition kommt, macht sich klein und fühlt sich auch so. Wer sich klein macht, verringert das eigene Selbstbewusstsein und schürt die Angst vor zukünftigen Fehlern. Sie merken, Angst ist eine Spirale, die abwärts zieht.

Wer keine Angst hat vor Entscheidungen, vor Fehlern, vor Diskussionen, vor dem Austausch mit anderen, davor, sich Hilfe zu suchen und um diese zu bitten, vor dem Gefühl, was der andere denken könnte u. v. m., bewegt sich auch sicherer im Umgang mit systemimmanenten Widersprüchen.

Natürlich ist Angst, bzw. keine Angst haben zu müssen, nur ein Aspekt im Umgang mit systemimmanenten Widersprüchen. Es spielen viele andere Faktoren mit hinein, wie z. B. die äußeren Umstände und die Persönlichkeit des/der Vorgesetzten. Auf die meisten hat die Führungskraft keinen Einfluss. Auf die eigene Angst aber kann Einfluss genommen werden. Auch wenn das harte Arbeit an sich selbst ist. Sie lohnt sich.

Das Gespräch mit anderen kann für die Führungskraft auch dienlich sein, um sich mit einem Problem nicht allein zu fühlen.

Auch dies werden Sie als LeserIn sicher kennen. Wenn Sie es einmal gewagt haben, über eine schwierige, vielleicht auch sehr persönliche Situation zu sprechen, stellen Sie auf einmal fest: Da geht es jemand anderem genauso.

Oftmals öffnen sich andere erst, wenn Sie selbst den Anfang machen. Und auf einmal ist man mit seinen Problemen und Gefühlen gar nicht mehr so allein, wie man dachte. Da finden sich in Gesprächen auf einmal Menschen, denen es ähnlich geht und die Gedanken, Gefühle und Verhaltensweisen nachvollziehen können. Es geht dabei nicht darum, sich gegenseitig in der Situation zu bedauern, sondern zuzuhören,

Verständnis zu zeigen und zu erfahren. Manchmal findet ein Gegenüber auch Worte für das eigene Empfinden, die man selbst nicht hätte formulieren können.

Nun leben wir in Deutschland in einer Kultur, in der es eher unüblich ist, Gefühle auszusprechen.

Hier verweisen wir auf das Modell der Kulturdimensionen von Hall (1976) und Hofstede (1993). Sie stellen universal geltende Merkmale der jeweiligen Kultur in bipolaren Skalen dar. Hall (1976) unterscheidet z. B. die „high-context-culture" von der „low-context-culture" (S. 105–116). Letztere, zu der Deutschland gezählt wird, ist die sachebenbezogene Vertragskultur. Geschäftsbeziehungen beinhalten wenig Persönliches, nonverbale Signale und der Kontext des Gegenübers spielen eine untergeordnete Rolle. Kommunikation wird verbal direkt auf den Punkt gebracht, sachlich und nüchtern. Dass in solch einer Kultur Gefühle wenig Raum haben, dürfte nachvollziehbar sein.

Des Weiteren spielt die Kulturdimension der Maskulinität (gegenüber der Femininität) mit hinein (vgl. Hofstede, 1993, S. 97–127). Eine maskuline Kultur ist weniger beziehungs- und kooperationsorientiert. Sie verkörpert eher stereotype maskuline Eigenschaften. So wird dasselbe Verhalten, wie z. B. die Stimme zu erheben, bei einem Mann als Stärke, bei der Frau hingegen als unangemessenes Verhalten erlebt. In einer solchen Kultur passen Gefühle und das Äußern derselben nicht in den beruflichen Alltag. Hofstede weist Ländern Indexwerte in seinen Dimensionen zu. Nach dem Maskulinitätsindex zählt Deutschland zur maskulinen Kultur (vgl. Jahn, 2006, S. 67).

Auch wenn die Werke von Hall (1976) und Hofstede (1993) schon einige Jahre alt sind und kontrovers diskutiert werden, so lassen sich trotz der kulturellen Veränderungen der letzten Jahrzehnte nach wie vor Aspekte dieser Kulturbeschreibungen beobachten.

Bereits in der Kindheit werden wir dazu angeleitet, „negative" Gefühle[2] zu unterdrücken. Freude und Dankbarkeit dürfen wir zeigen,

---

[2] Unter negativen Gefühlen verstehen wir z. B. Hass, Wut, Ärger oder Neid, d. h. Gefühle, die uns einschränken und in unserer Entscheidungs- oder Handlungskompetenz behindern. Im Begriff ‚negativ' soll dabei keine Wertung für deren Berechtigung oder Nichtberechtigung liegen.

aber Wut gilt als nicht angemessen, Frustration soll verborgen bleiben. Gerade im Unternehmensalltag wollen sich Führungskräfte nicht durch das Offenbaren solcher „negativen" Gefühle verletzbar machen.

Die Möglichkeit, die Vorteile des Austauschs nutzen zu können, geht allerdings verloren, wenn die Angst, Schwäche zu zeigen, Führungskräfte daran hindert, sich überhaupt jemandem zu öffnen. Es ist zum einen in der Unternehmenskultur begründet, ob Gespräche über schwierige Situationen und die damit verbundenen Emotionen stattfinden können. Zum anderen liegt es an jeder Führungskraft selbst.

> **Standortbestimmung**
> - Was hindert Sie daran, über „negative" Emotionen zu sprechen?
> - Welches kommunikative Verhalten hat Ihnen in für Sie schwierigen Situationen am ehesten geholfen?
> - In welchen Situationen nehmen Sie andere Menschen mit auf den Weg?

Der unternehmensinterne Austausch findet häufig auf der gleichen Hierarchieebene statt, wenn es um kollegiale Beratung geht oder das Beklagen der Zustände. Benötigt die Führungskraft eine/n akzeptierte/n SparringspartnerIn, bezieht sie die höhere Hierarchieebene ein. Dies tut sie auch, um Handlungskompetenzen nicht zu überschreiten. Hierzu später mehr.

Lassen Sie uns erst einen Blick auf den Einbezug der MitarbeiterInnen werfen.

Dass die Führungskraft die eigenen MitarbeiterInnen mit auf den Weg der Lösungsfindung nimmt, ist eher selten der Fall.

Bezieht die Führungskraft im systemimmanenten Widerspruch jedoch MitarbeiterInnen in die Lösungssuche ein, dann steht sie im Dialog mit engen Vertrauten bzw. VerantwortungsträgerInnen aus dem Team. Sie bindet in der Regel nicht das gesamte Team ein. Dazu kommt es erst, wenn bereits eine Entscheidung feststeht und alle MitarbeiterInnen mit auf den Weg genommen werden sollen. Da die Führungskraft bemüht ist, für ihr Team Klarheit zu schaffen, kommt der systemimmanente Widerspruch selten in seiner vollen Tragweite bei den MitarbeiterInnen an.

Im Extremfall kann es vorkommen, dass sich die Führungskraft auf die Seite der MitarbeiterInnen stellt, weil sie selbst keine Lösung für widersprüchliche Anforderungen finden kann oder mit vorgegebenen Lösungen der/des eigenen Vorgesetzten unzufrieden ist. Das Suchen nach Unterstützung mündet dann in einem Sich-Verbünden. Dies berichten allerdings eher die befragten Coaches aus der Begleitung von Führungskräften als die befragten Führungskräfte selbst.

Verbündet sich die Führungskraft mit den MitarbeiterInnen, schwächt sie sich selbst in ihrer Rolle.

> *Oder was da auch manchmal ist: Da wird jetzt was vorgegeben, was derjenige [als Führungskraft] durchziehen muss und er, er steht nicht dahinter. Dass er sich dann anders in der Kommunikation verhält, also sich fast entschuldigt oder sich auf die Seite der Mitarbeiter stellt. Dadurch schwächt er sich gleichzeitig als Führungskraft (…).*

In Widersprüchen entstehen Rückfragen an Vorgesetzte. Es liegt daher nahe, dass eine Lösungsfindung mit dem/der eigenen Vorgesetzten thematisiert wird. Um die erlebte Unvereinbarkeit aufzulösen, nutzen Führungskräfte daher die Hierarchie, um Unterstützung zu erhalten. Sie erhoffen sich im Spannungsfeld von Vorgesetzten Hilfe und Klärung sowie eine deutliche, richtungsweisende Aussage. Diese Hoffnung wird jedoch oft enttäuscht.

> *Dann sind das bei Weitem aber auch nicht alle, die dann eine klare Information [im Gespräch mit den Vorgesetzten] bekommen, sondern die oft mit Pauschalaussagen [zurechtkommen müssen]. ‚Ja. Sie machen das schon' und ähnlichem. Da würde ich sagen, das sind 50 Prozent, die dann immer noch mit Unklarheit dazu rauskommen.*

Aus Sicht der InterviewpartnerInnen ist es im systemimmanenten Widerspruch erforderlich, eine Vorgehensweise zu finden, die eine klare Antwort ermöglicht.

Ein Drittel der befragten Coaches macht darauf aufmerksam, dass aus ihrer Beobachtung heraus Führungskräfte Situationen nur dann verändern, wenn es weh tut. Der Status quo wird solange akzeptiert und aufrechterhalten, bis der Schmerz der Situation unerträglich wird. Und die Vorgesetzten erleben, dass es im Alltag irgendwie läuft. Also warum kommunizieren oder handeln? Gehen Führungskräfte auf ihre Vorgesetzten zu, dann ist nach Ansicht der Coaches bereits ein gewisser Leidensdruck vorhanden.

Die Sicht der befragten Führungskräfte bestätigt diese Beobachtung nur teilweise. Vorgesetzte einzubeziehen hängt für die Führungskräfte u. a. damit zusammen, dass der eigene Rahmen der Entscheidungsbefugnis nicht überschritten werden soll. Sie wollen keine Entscheidung außerhalb des eigenen Kompetenzrahmens treffen und auch nicht dafür verantwortlich gemacht werden.

Bekomme ich keine Befugnisse, werde ich auch an der Stelle keine Verantwortung übernehmen.

Die Kunst besteht dabei darin, dass der/die Vorgesetzte das

nicht als verdeckte Sabotage oder Verweigerung erlebt, sondern als eine Klarheit der Führungskraft.

Hin und wieder findet bei mangelnden Entscheidungsbefugnissen eine unter Umständen fast trotzig anmutende, Rückdelegation an die/den Vorgesetze/n statt mit der Haltung: „Ich kann, bzw. darf das Problem nicht lösen, also löse Du es".

Wenn Vorgesetzte ihre Führungskräfte (oder Führungskräfte ihre MitarbeiterInnen) nicht mit entsprechenden Befugnissen ausstatten, müssen sie sich nicht wundern, dass die untergeordnete Hierarchieebene ständig in der Tür steht und Entscheidungen einfordert.

Eine besonders konsequente Form der Rückdelegation beschreibt eine befragte Führungskraft, die Widersprüche im Unternehmenskontext zwar wahrnimmt, aber keinerlei widersprüchliche Situationen für sich selbst zulässt:

(…) bevor die Anforderungen zu mir kommen und bei mir auf dem Tisch liegen, kläre ich sie, sodass sie nicht widersprüchlich sind.

(…) die Anforderungen können für mich nicht widersprüchlich sein (…) und wenn jetzt zum Beispiel [mein Vorgesetzter] sagt: ‚Kümmere dich um

das Thema A und das ist so und so zu sehen', und [ein anderer Vorgesetzter] kommt und sagt: ‚Okay, das Thema A sehe ich aber anders', dann kläre ich das erstmal. Welche Sichtweise ist jetzt die richtige? Ich lasse da aber keine widersprüchlichen Anforderungen zu, der eine will das, der andere will das, ja, was soll ich jetzt tun? (…) Also deswegen gibt es für mich irgendwo keine widersprüchlichen Themengebiete. Die kläre ich vorher schon.

Diese Führungskraft sucht einen klaren Auftrag und erwartet diesen konsequent von den übergeordneten Stellen. Dabei setzt sie erfolgreich auf Klärungsgespräche. Sie macht im Interview aber ebenso deutlich, dass dies nur gelingt, weil der/die Vorgesetzte eine klare, offene Kommunikation mit ihr pflegt. Sollte dies einmal nicht mehr gewährleistet sein und die wahrgenommenen Widersprüche ohne Dialog und ungelöst als Problem auf dem eigenen Schreibtisch landen, wäre dies aus Sicht der Führungskraft ein Kündigungsgrund.

Führungskräfte machen beim Einbezug der Vorgesetzten im systemimmanenten Widerspruch sowohl positive als auch negative Erfahrungen. Wie die Erfahrungen ausfallen, hängt von mehreren Faktoren ab, wie z. B. der Unternehmenskultur, dem persönlichen Verhältnis zum/zur Vorgesetzten und ob kritische Themen bei ihm/ihr angesprochen werden können oder nicht.

Hier beispielhafte Aussagen aus den Interviews mit Coaches:

Einige fühlen sich da nicht verstanden und dass ihnen nicht zugehört wird.

Also, wenn sie [die Führungskräfte] es überhaupt schon mal ansprechen, das ist ja schon viel. Also es gibt ja ganz viele Führungskräfte, die würden heikle Themen mit ihrer Führungskraft nie ansprechen (…). Wenn sie es dann tun, dann tun sie es ja in aller Regel, weil sie sich etwas davon versprechen und sie die Hoffnung haben: ‚Mit dem Thema kann ich auch da hingehen, und dann wird mir irgendwie weitergeholfen.' Dann ist es auch in aller Regel so, dass es auch etwas bringt, und von daher machen sie auch positive Erfahrungen damit.

Es gibt halt auch diejenigen, die auch schon schlechte Erfahrungen gemacht haben, die machen es dann halt nie wieder. (…) Die sind dann einfach still und sagen: ‚Das kläre ich anderswo oder auch gar nicht.'

5 Führungskräfte wollen verändern

Hier beispielhafte Aussagen aus den Interviews mit Führungskräften:

Und klar, wenn ich direkt frage: ‚Was meinst du dazu?', (…) oder ‚Ich bin im Zwiespalt', dann kommt natürlich eine Aussage. [Ansonsten finde] ich, ist das eine ziemlich große Unterstützung, wenn du keine Angst haben musst, dann auch mal Fehlentscheidungen vielleicht zu treffen.

Ich glaube, dass es bei mir immer sehr lange dauert, bis ich ihm [dem Vorgesetzten] das unterbreiten kann, weil ich nicht immer weiß, wie er reagiert und mir dann viele Gedanken mache. Aber meistens ist es eigentlich kein Problem. Egal, was es ist, dass er da verständnisvoll ist und sich die Zeit nimmt, da auch Lösungen zu finden.

Wie bereits im oben genannten Fall der Rückdelegation deutlich wurde, ist im Versuch, die Situation im systemimmanenten Widerspruch unter Einbezug anderer zu verändern, die direkte, offene Kommunikation mit den Vorgesetzten eine Voraussetzung für die notwendige Klärung.

Also eher dieses mehr zu kommunizieren und nicht zu denken: ‚Das wird schon werden', sondern es aktiv anzusprechen, gerade in schwierigen Situationen.

(…) wenn es heikle Themen gibt, dann gehören die auf den Tisch, die muss man ansprechen.

Dabei wird nicht nur der/die direkte Vorgesetzte einbezogen, sondern es werden, wenn nötig, auch höhere Positionen hinzugezogen. Letzteres ist dann erforderlich, wenn der/die eigene Vorgesetzte nichts zur Lösungsfindung beitragen kann oder direkt auf höhere Positionen verweist. Entscheidungen, die auf der nächsthöheren Hierarchieebene getroffen werden, werden in der Regel als gegeben akzeptiert und allenfalls erst zu einem späteren Zeitpunkt nochmals in den Dialog gebracht.

Und wenn ich dann merke, dass sie [die Vorgesetzten] sich dann ein bisschen darauf zurückziehen: ‚Das ist das, was der Vorstand wollte' oder ‚Das ist das, was die nächsthöheren Führungskräfte wollten.' Dann ist für mich klar, dass der Gang dann natürlich zur nächsthöheren Führungskraft von mir stattfindet und ich sage: ‚Hör zu, wir haben ein Problem, auf der direkten Ebene kann ich das nicht lösen.'

Stellt eine vorgegebene Lösung im Widerspruch die Führungskraft nicht zufrieden, sucht sie das Gespräch. Sie will lieber eine Klärung herbeiführen, als mit Unzufriedenheit leben zu müssen. Das offene und aktiv gesuchte Gespräch wird zur Überlebensstrategie. Hierfür bedarf es allerdings der Mitwirkung des/der eigenen Vorgesetzten.

Nicht allen Führungskräften ist diese offene Kommunikation möglich.

> **Aus der Sicht der Führungskraft: Guter Rat ist teuer**
> Michael, 32 Jahre, Teamleiter. Branche: Erneuerbare Energie
>
> Manchmal fühle ich mich wirklich allein gelassen. Als Führungskraft bin ich wie ein selbstständiger Unternehmer in einem Unternehmen. Ich bin für vieles verantwortlich. Das schätze ich durchaus. Die Freiheiten, die ich habe, genieße ich. Aber gelegentlich bräuchte ich einfach mal einen Rat oder Unterstützung. Immer wieder gibt es Situationen, in denen ich das Eine und das Andere erledigen oder beachten soll. Das passt aber nicht zusammen. Ich kriege das irgendwie nicht klar. Dann fühle ich mich fast ohnmächtig und das löst Frust und Ärger aus.
> Klar, ich könnte mit Leuten im Unternehmen darüber sprechen, ich habe das auch schon versucht, aber
>
> *ein Großteil denkt darüber (...) gar nicht nach, sondern sagt: ‚Ich muss halt arbeiten (...) und ich hinterfrage das gar nicht.' Dann gibt es die, die sagen: ‚Ich muss hier eigentlich weg, ich habe ein echtes Problem damit. Keiner erklärt mir das.' (...) Und wir haben nicht mal eine Sofaecke, wo man das mal diskutieren kann.*
>
> Und soll ich damit etwa zu meiner Chefin gehen? Die erklärt mich ja für verrückt. Eigentlich kommen wir gut miteinander aus, aber ich habe oftmals den Eindruck, sie hört mir schon bei einfachen Themen nicht richtig zu. Klar, sie hat viel um die Ohren und sicher viel Verantwortung zu tragen. Aber ich brauche einfach jemanden, mit dem ich meine Themen besprechen kann, der zuhört und meinen Blickwinkel öffnet. Allein ist das für mich wirklich schwierig.
>
> *Ich trage das mit mir rum. (...) Ich werde das nicht los. (...) Und wenn ich das sagen würde, dann würde man sagen: ‚Der hat sie doch nicht alle. Dann muss er halt woanders hingehen [wenn er damit nicht klarkommt].'*

> Also unterdrücke ich meine Unsicherheit und Fragen und vor allem meine Emotionen. Die soll ja auch niemand abbekommen. Besser wird es dadurch aber nicht. Ich habe eher das Gefühl, je länger ich das mit mir rumtrage, umso schlimmer wird es. Ich warte nur darauf, dass irgendwann ein kleiner Tropfen das Fass zum Überlaufen bringt und ich unkontrolliert agiere und gar nicht mehr in der Lage bin, ein Gespräch darüber in angemessener Form zu führen.
>
> *Auf der Karriereleiter nach oben [zu] steigen, das hat ja nicht nur Vorteile. Das hat auch anstrengende Momente. [Es gibt] in einer viel kürzeren Taktung schwierige Situationen (...) und auch schwierige Gespräche. Auch [muss ich] häufiger Rede und Antwort stehen (...) und da ist es schon wichtig, seine Kommunikation klarer, präziser, auch zugewandter, empathischer [zu gestalten].*
>
> Wenn ich aber selbst nicht weiß, in welche Richtung es gehen soll, fühle ich mich echt verloren und gar nicht in der Lage, überhaupt in den Dialog zu gehen. Und schon gar nicht zugewandt und klar. Ich glaube:
>
> *Also auf den [Vorgesetzten] zugehen, schnappen, zusammensetzen und dann frei raus das Ding sagen. Das ist bei den meisten das Problem. Die sagen das bei uns [unter den KollegInnen], da sagen sie die Probleme. (...) Aber ich glaube nicht, dass der obendrüber oder der nächste obendrüber weiß, was in dem brodelt.*

Wird direkt auf den Vorgesetzten zugegangen, ist der Grundsatz: *Nicht alleine agieren.*

Der Einbezug des/der Vorgesetzten kann im partnerschaftlichen Miteinander geschehen, um gemeinsam nach Lösungen zu suchen. Es besteht aber ebenso die Möglichkeit, die Problemanzeige direkt mit einem konkreten Lösungsvorschlag zu verbinden, den sich die Führungskraft absichern lassen will.

Praxistipp

- Nutzen Sie im Widerspruch die Erweiterung Ihres Blickwinkels durch den Austausch mit KollegInnen.

- Kommunizieren Sie Ihre Bedenken, Fragen und Emotionen, die aus dem Widerspruch entstehen.
- Fragen Sie weniger: Was wird der/die andere über mich denken? Fragen Sie stattdessen: Was kann der/die andere für mich tun?
- Teilen Sie mit FreundInnen und mit Ihrem/r PartnerIn. Achten Sie dabei darauf, dass die belastende Situation aus dem beruflichen Umfeld nicht zur Belastung für Ihre privaten Beziehungen wird.
- Lassen Sie sich nicht von der eigenen Angst gefangen nehmen.

Komprimierte Studienergebnisse

- Bei allen befragten Führungskräften ist eine offene und direkte Kommunikation im Widerspruch gewünscht.
- Ein Drittel der befragten Coaches macht darauf aufmerksam, dass der Status quo solange akzeptiert und aufrechterhalten wird, bis der Schmerz der Situation unerträglich wird.
- Der Einbezug anderer dient für die befragten Führungskräfte, die diesen Weg in Betracht ziehen, zur Klärung der eigenen Gedanken, zum Perspektivwechsel und der Lösungsfindung.
- Führungskräfte, die ihre direkten Vorgesetzten einbeziehen, sind bereit, auch höhere Hierarchieebenen einzubinden, wenn dies erforderlich scheint.
- Beim Einbezug des/der Vorgesetzten machen die Führungskräfte sowohl positive als auch negative Erfahrungen.
- Lediglich einer der befragten Führungskräfte ist es möglich, durch Klärungsgespräche erst gar keine widersprüchlichen Situationen als Arbeitsauftrag für sich selbst anzunehmen.

5.2.2 Argumentiere und Rechtfertige

Während sich in Abschn. 5.2.1 der Blick eher darauf richtete, dass die Führungskraft auf dem Weg zur Lösung Unterstützung sucht, liegt der Schwerpunkt nun darauf, dass die Führungskraft allein eine Lösung gefunden hat und daraufhin andere einbezieht. Dies erfolgt zum einen durch Argumentation, zum anderen durch Rechtfertigung. Lassen

Sie uns zuerst einen Blick auf die Argumentation mit dem Ziel der Absicherung werfen.

Hat sich die Führungskraft im systemimmanenten Widerspruch selbstständig eine Lösung erarbeitet, bedeutet das nicht, dass sie diese direkt umsetzt. Auch wenn die befragten Führungskräfte grundsätzlich bereit sind, Entscheidungen zu treffen und Verantwortung für diese zu übernehmen, ziehen einige im systemimmanenten Widerspruch die/den eigene/n Vorgesetzten hinzu. Ein Großteil der befragten Führungskräfte, die andere einbeziehen, wollen sich in ihrer geplanten Vorgehensweise bei dem/der eigenen Vorgesetzten absichern. Absicherung kann dabei als reine Information der Vorgesetzten erfolgen, damit diese die Chance haben, zu intervenieren. Die Führungskraft nimmt in Kauf, dass der/die Vorgesetzte bei der Entscheidungsmitteilung jene nochmals kritisch beleuchtet oder gänzlich infrage stellt. Kommen keine Einwände, wird dies als Einverständnis verbucht.

Der Wunsch zur Absicherung liegt auch an der Eigenart des Widerspruchs, dass die Verfolgung beider Pole im Unternehmensinteresse liegen und eine Entscheidung für einen Pol stets eines der beiden Unternehmensinteressen ausschließt. Im Einbezug der Vorgesetzten geht es der Führungskraft darum, im Nachgang zu einer Entscheidung nicht allein verantwortlich gemacht werden zu können. Ziel ist, das Gegenüber bei einer Entscheidung mit in die Pflicht zu nehmen.

Wenn das Risiko der Entscheidung geteilt werden soll, kann vermutet werden, dass die Führungskraft nicht 100 % sicher in ihrer Entscheidung ist und ein Restgefühl der Unsicherheit bleibt.

Das Thema Absicherung hat bereits Einfluss auf den Entscheidungsprozess. Lassen Sie uns daher an dieser Stelle noch einmal einen kleinen Schritt zurückgehen und den Blick auf den Entscheidungsfindungsprozess werfen. In Abschn. 5.1.1 haben wir uns mit dem Thema Entscheidungen auseinandergesetzt und gesehen, dass die Führungskraft diese allein trifft, durchsetzt und die Verantwortung für die Auswirkungen allein trägt. Hier betrachten wir nun den Aspekt des geteilten Risikos bei einer Entscheidung.

Kahneman und Tversky (1979) untersuchten das individuelle Risikoverhalten in Bezug zu wahrscheinlich auftretenden Konsequenzen einer Entscheidung (Prospekt-Theorie). Sie stellten heraus, dass Entscheidungen durch subjektive Beurteilungen, vor allem der Wahrscheinlichkeit von Konsequenzen, geprägt werden. In ihren Untersuchungen wird deutlich, dass Risiken bei Entscheidungen, wenn möglich, vermieden werden.

Die individuelle Risikobereitschaft erhöht sich allerdings, wenn der Einzelne die Folgen des Handelns nicht allein tragen muss. Bezieht die Führungskraft die/den Vorgesetzte/n mit ein, wird das individuelle Risiko der Entscheidung auf mehrere Personen und Hierarchieebenen verteilt.

Und klar, gehe ich dann manchmal ein gewisses Risiko ein. (…) oft, wenn die Entscheidung zu groß ist, dann hole ich die [Vorgesetzten] mit rein.

Sie kennen das sicher auch aus anderen Bereichen des Lebens. Besonders deutlich wird dies in der Versicherungswirtschaft, aus der der Begriff „Moral Hazard" (moralisches Risiko) stammt. Das moralische Risiko entsteht dadurch, dass Versicherungen Schadensfälle abdecken und der/die VersicherungsnehmerIn die Konsequenzen des eigenen Handelns nicht allein tragen muss (vgl. Erlei & Szczutkowski, 2021). Sobald ein Risiko versichert ist, sind Verhaltensänderungen zu beobachten. So wird z. B. ein/e AutobesitzerIn weniger Sorgfalt walten lassen, wo er/sie das eigene Auto sicher abstellen kann, um Schäden zu vermeiden. Er/sie wird eher leichtsinnig handeln, wenn er/sie weiß, dass Folgen des eigenen Verhaltens und damit eventuelle Schäden am Fahrzeug, abgedeckt sind und nicht von ihm/ihr allein getragen werden müssen. Das Individuum ist demnach bereit, ein höheres Risiko einzugehen, wenn die Konsequenzen für das eigene Handeln nicht allein bei ihm liegen.

Nicht umsonst nutzen daher Versicherungen Selbstbeteiligungen und Anreizsysteme, um dem moralischen Risiko entgegenzuwirken.

Und nicht umsonst bezieht die Führungskraft die nächsthöhere Hierarchieebene bei der Risikoverteilung von Entscheidungen im systemimmanenten Widerspruch ein.

Die Verantwortung habe ich dann da nicht nur allein.

Die Absicherung spitzt sich zu, wenn die Verantwortung komplett in die Rückdelegation geht und gänzlich an die Vorgesetzten zurückgespielt wird.

(...) wenn der [Vorgesetzte] dann die Entscheidung fällt, [als Führungskraft] auch nochmal [zu] betonen: ‚Okay, wenn Sie das so entscheiden, weise ich Sie nochmal darauf hin, dass das folgendes Risiko ist, und wenn Sie dieses Risiko tragen und die Verantwortung übernehmen, dann machen wir das so.'

> **Standortbestimmung**
> - In welchen Situationen ist Ihnen Absicherung durch Vorgesetzte wichtig und wie gewährleisten Sie diese?

Bevor die befragten Führungskräfte dem/der Vorgesetzten die eigene Lösung zur Absicherung präsentieren, bereiten sie sich auf das Gespräch vor. Der Einbezug des/der Vorgesetzten hilft somit der Führungskraft dabei, analytisch getroffene Entscheidungen im Vorfeld zum Gespräch auf Vollständigkeit und Praktikabilität zu prüfen. Zudem werden intuitiv getroffene Entscheidungen nochmals logisch und analytisch durchdacht.

Wo stehen wir? Welche Argumente sprechen dafür? Welche Argumente sprechen dagegen?

Damit kann die Führungskraft gegebenenfalls auch Verzerrungen, die bei Bauchentscheidungen entstehen können, entlarven (Abschn. 5.1.2). Lassen Sie uns das beschriebene Phänomen anhand eines Beispiels durchspielen, das Kahneman (2012, S. 61) wie folgt beschreibt:

„Ein Schläger und ein Ball kosten 1,10 Dollar.
Der Schläger kostet einen Dollar mehr als der Ball.
Was kostet der Ball?"

Tendieren Sie ganz spontan zur Antwort „10 Cent"? Wie Sie sich sicher denken können, ist diese Antwort falsch. Vielleicht haben Sie sich das auch schon direkt gedacht, nachdem Ihnen der erste Impuls der Antwort „10 Cent" in den Kopf geschossen ist. Das geht nicht nur Ihnen so. Über 50 % der StudentInnen (Harvard, MIT und Princeton) scheiterten an dieser einfachen Aufgabe, und über 80 % der StudentInnen an Universitäten mit einer weniger strengen Auslese gaben die falsche Antwort (Kahnemann (2012, S. 61)). Dass die Lösung nicht spontan gelingt, liegt daran, dass unser Gehirn automatisch und intuitiv reagiert. Wir überprüfen intuitive Antworten häufig nicht nochmals, bevor wir sie äußern. „Dieser Autopilot im Gehirn spart Energie, indem er bei Aufgaben den kürzeren Weg wählt und Menschen schnell handeln, entscheiden und auch antworten lässt" (Stangl, 2022).

Kahneman (2012) unterscheidet in seinem Buch „Schnelles Denken, langsames Denken" zwei Denkarten. Mit dem langsamen Denken beschreibt er ein analytisches, rationales und reflektierendes Vorgehen. Das schnelle Denken hingegen beinhaltet ein intuitives und eher impulsives Vorgehen. Dieses hat häufig einen größeren Einfluss in Entscheidungsprozessen, da es weniger zeitaufwendig ist und das Gehirn dadurch Energie sparen kann.

Wie lautet aber nun die richtige Antwort auf die Frage: „Was kostet der Ball?" Um die richtige Antwort zu finden, muss Ihr Gehirn sich anstrengen. Die Aufgabe ist lösbar. Sie können aber auch einfach in der Fußnote nachsehen.[3]

Was bedeutet dies für die Argumentation im Widerspruch? Da systemimmanente Widersprüche als unlösbar gelten und damit das Gehirn anstrengen, kann es vorkommen, dass auch hier bei einer Lösungsfindung das Gehirn auf die schnellen Denkmuster zurückgreift. Im Einbezug des/der Vorgesetzten besteht in der Vorbereitung auf das Gespräch daher die Chance, eigenes Vorgehen im Lösungsfindungsprozess nochmals kritisch zu überprüfen (langsames Denken).

Wenn es schwierig wird, ist es natürlich immer ganz gut, wenn man sich sehr gut auf das Thema vorbereiten kann. Das heißt, im Prinzip, sich vorher einen Plan zu machen, eine Strategie zu machen (…). In ein Gespräch [so] reinzugehen, ist die halbe Miete.

Diese Überlegungen hinsichtlich der Argumentation helfen auch im weiteren Verlauf, wenn die Entscheidung z. B. zu einem späteren Zeitpunkt MitarbeiterInnen gegenüber öffentlich gemacht werden soll.

---

[3] Der Ball kostet 0,05 Dollar. Der Schläger kostet 1,05 Dollar.

Von den befragten Führungskräften werden zwei weitere Aspekte genannt, die zum Einbezug der Vorgesetzten zwecks einer Absicherung führen.

Ein Aspekt ist, dass der eigene Kompetenzrahmen nicht ausreicht. Also in allen

> *Situationen, wo ich weiß, wenn da was passiert, das kann ich nicht mehr allein in meinem stillen Kämmerlein mit mir selbst ausmachen.*

Der zweite Aspekt ist der der immer wiederkehrenden Widersprüche. Vereinzelt weisen befragte Führungskräfte darauf hin, dass sie bei Problemen, die nicht final lösbar scheinen und immer wieder auftauchen, gerne an höhere Hierarchieebenen verweisen.

> *Die Kommunikation muss auf höherer Ebene stattfinden (…), damit die Entscheidung klar ist.*

Nun ist dem/der aufmerksamen LeserIn die Formulierung „immer wiederkehrende Widersprüche" nicht entgangen. Dass systemimmanente Widersprüche die Eigenschaft haben, nicht auflösbar zu sein, haben wir bereits aufgezeigt. Daher können Entscheidungen gar nicht von Bestand sein. Jeder Pol im Widerspruch hat seine Berechtigung und eine langfristige Vernachlässigung eines Pols führt zum Schaden für das Unternehmen. Die Führungskraft wird folglich, egal wie sie es auch drehen und wenden mag, immer wieder mit dem Widerspruch konfrontiert. Die Frage ist, ob sich die Befragten daher nicht mit jedem systemimmanenten Widerspruch über kurz oder lang an die höhere Hierarchieebene wenden.

Wir können an dieser Stelle festhalten: Ein Großteil der befragten Führungskräfte findet in ihrem Verantwortungsbereich eine vorübergehende Lösung und ist bereit, für diese einzustehen.

Die Argumentation, die im Gespräch mit dem/der Vorgesetzten zur Absicherung der eigenen Lösung erforderlich ist, hilft dabei, den eigenen Standpunkt zu reflektieren, zu verdeutlichen und im besten Fall das Gegenüber davon zu überzeugen.

Wie kommuniziere ich mit [meinem Vorgesetzten]? Wie bringe ich dem das rüber, was das heißt? Welchen Nutzen hat er davon, wenn er es anders machen würde? Wie bringe ich ihm bei, was das für Konsequenzen, was das für Risiken hat, wenn ich das durchziehe? Also, sich auf den Stuhl der eigenen Führungskraft zu setzen. Was sind die Argumente?

(…) sobald ich alles irgendwie begründen kann und nicht einfach so: ‚Naja, ich habe da halt mal so entschieden und dann mache ich das jetzt so.' Das nicht. Also das ist dann schon fundiert (…).

Aus der Sicht der Führungskraft: Ich bin stolz auf mich

Julia, 37 Jahre, Teamleiterin. Branche: Handwerk

Ich ziehe die Schuhe aus und bin froh, zu Hause zu sein. Heute bin ich wirklich stolz auf mich. Ja, das kann ich so sagen. Nachdem ich mich die letzten Monate mit dem Widerspruch gequält habe, dass ich Qualität liefern soll, mir aber die nötigen Ressourcen wie Zeit und MitarbeiterInnen fehlen, habe ich endlich eine Lösung gefunden.

Ich habe deutlich priorisiert, was jetzt erst einmal vorrangig dran ist. Und ich habe gleich mein Privatleben mit den Rollen Mutter, Ehefrau, Freundin usw. mit bedacht. Ich wollte auch dafür wieder Zeit finden.

Klar, mir ist schon bewusst, dass sich die Lösung, die ich erarbeitet habe, in ein paar Wochen oder Monaten wieder ändern kann, einfach weil die Umstände sich verändern. Aber für jetzt, jetzt aktuell, müsste meine Lösung eigentlich passen. Und ich brauchte sie dringend, bevor ich hier im Unternehmen komplett vor die Hunde gehen würde.

Ich merke ja auch schon lange, dass die MitarbeiterInnen mürbe werden. Sie müssen mehr arbeiten, weil es an Leuten mangelt und gleichzeitig soll die Qualität nicht leiden. Und ich will gar nicht erst in die Lage kommen, dass der Widerspruch in voller Härte bei ihnen aufpoppt. Denn dann fragen sie nach, und ich muss reagieren. Das ist eine unangenehme Situation. Da fühle ich mich, als müsste ich mich rechtfertigen. Lieber will ich eine Lösung haben und umsetzen, bevor sie überhaupt nachfragen müssen.

(…) ein wichtiger Punkt aus meiner Sicht ist, sich die Sache wirklich genau anzugucken, abzuwägen. [Es ist] wie so ein Vakuum, was dann entsteht, wenn es irgendwo einen Widerspruch gibt. Und es gilt, für dieses Vakuum Lösungsvarianten zu entwickeln (…).

Mir war wichtig, meine gefundene Lösung mit meinem Chef abzusprechen und ihn mit ins Boot zu bekommen, um mich sicherer zu fühlen.

Heute war das Gespräch mit ihm, in dem ich ihm diese Lösung vorstellte. Ich war gut vorbereitet und hatte alle Argumente parat. Ich wusste, dass ich nach dem Gespräch ggf. alles nochmal neu bedenken müsste, wenn mein Chef anderer Ansicht sein würde. Aber ich hoffte, er würde meinen Weg mitgehen. Damit wäre meine Entscheidung auch abgesichert.

[Widersprüche] (…) müssen wir lösen und ich fände es viel schlimmer, mit einem heiklen Thema, was vielleicht auch für [meinen Vorgesetzten] eine Relevanz hat, egal in welcher Dimension, (…) zu leben, als es miteinander abzugleichen [und] darüber zu befinden: ‚Das ist die Richtung, die ich eingeschlagen habe. Ist das für dich in Ordnung oder hättest du gerne noch einen anderen Aspekt berücksichtigt oder vielleicht auch eine Richtungsänderung?'

Ich warte gespannt, dass Thomas nach Hause kommt.
„Na, wie war dein Gespräch?", fragt er mich schon im Türrahmen. Ich strahle über das ganze Gesicht. „Oh ha. Das scheint ja mehr als gut geklappt zu haben. Erzähl!"
„Es war richtig gut", platze ich heraus. „Er hat zugehört. Ich konnte ihm meine Lösung erklären. Ich will zusätzliches Personal einsetzen, um wieder auf die Qualität zu kommen, die unsere MitarbeiterInnen und auch ich sonst bringen können. Wir sind einfach überlastet. Da ist Qualität nicht mehr in dem Maße leistbar. Und der Mitarbeiter, der seit Monaten fehlt, wird nicht mehr zurückkommen. Wir können das nicht mehr länger abfedern.
Das habe ich meinem Chef so nicht gesagt, aber da jetzt eine Sparmaßnahme daraus zu machen, nach dem Motto ‚Da fehlt einer, aber die anderen fangen das schon auf, dann müssen wir keinen mehr einstellen' das funktioniert nicht. Nicht mit mir.
Ich konnte meinem Chef

nochmal den Entscheidungsstand darlegen und eben auch Auswirkungen besprechen, wenn man jetzt [auf] die eine Seite kippt oder [auf] die andere Seite kippt.

Er hat kritisch nachgefragt. Das war aber o.k.
„Hey, das klingt gut. Das könntest du bei mir auch mal für o.k. halten", sagt Thomas lachend und erntet dafür meinen Ellenbogen in seiner Seite. Ich fahre mit meiner Erzählung fort: „Etwas heikel wurde es, als er sagte:

‚(…) mehr Personaleinsatz kann zur Folge haben, dass sich die Qualität steigert, muss es aber nicht. Mehr Personaleinsatz wird aber zur Folge haben, dass die Kosten steigen.'

Erst dachte ich: ‚Jetzt ist das Gespräch gelaufen', aber ich habe gut argumentieren können, warum sich das mit dem Personaleinsatz und der Qualität anders verhält. Die Qualität wird wieder steigen. Da bin ich sicher. Die Kosten nehme ich in meiner Abteilung in Kauf, weil ich davon ausgehe, dass ich sehr schnell einen Return of Investment spüren werde."
„Und was ist nun das Ergebnis?", fragt Thomas nach.
„Er geht meinen Weg mit. Ich habe ihm meine aktuelle Prioritätenliste für den Alltag gezeigt und wie ich mir vorstelle, wieder mehr Zeit für mein Privatleben zu erhalten. Da schien er erst nicht so begeistert. Aber ich hatte sehr klar, woran es liegt, dass ich keine Freiräume mehr für mich habe. Deshalb konnte ich es auch klar kommunizieren. Ich fragte ihn:

‚Wenn das und das mein Arbeitsbereich ist, und das ist auch noch mein Arbeitsbereich und das ist auch noch mein Arbeitsbereich, auf was soll ich mich dann jetzt diese Woche konzentrieren, wenn ich alle drei habe und alle drei sind wichtig?'

Er hat schnell begriffen, dass es da eine Lösung braucht. Da ich sie ihm direkt präsentieren konnte, hat er sie abgenickt."
„Das klingt sehr gut", sagt Thomas.
„Ja", antworte ich ihm. „Die Kommunikation war auch wirklich erstaunlich offen. Das habe ich so gar nicht erwartet. Ich habe direkt angesprochen:

Was hat das für mich für Auswirkungen? (…) Wo trifft mich das in meiner Zielerreichung? Wo trifft mich das vielleicht aber auch persönlich? Was macht das mit mir, mit meinen Emotionen, mit meinen Gedanken? Wie gut kann ich meine Bedürfnisse, meine beruflichen Bedürfnisse, jetzt da leben? Um dann zu sagen: Was wünsche ich mir eigentlich anders?

Also es geht ja über so einen Prozess, (…) meine eigene Hilflosigkeit damit zu erleben oder zu sehen, dass das nicht zielführend ist und das dann (…) ins Gespräch zu bringen, auch mit einem Vorschlag.

Wie könnte das denn anders aussehen bei uns? Welche Lösungen könnte es denn dafür geben? (…) Aber dafür muss ich mich selber und das Thema erstmal kennen und dann die Möglichkeit haben, das anzusprechen, bei meiner Führungskraft.

Aber auch aufzunehmen, wie meine Leute darunter leiden. Was hat das für Auswirkungen bei denen? Was wünschen die sich? (…) Also dann geht es halt ab in die Kommunikation, das Gespräch darüber (…).

> Und das hat echt gut geklappt."
> „Dann kannst du jetzt wirklich beruhigt sein?", will Thomas wissen.
> „Ja. Das ist eine Absicherung für mich, ja, absolut, und das ist wichtig (...)."
> Sie begegnen Julia noch einmal in Abschn. 8.1.

Die Tatsache, dass systemimmanente Widersprüche nicht final entschieden werden können, führt zu wiederkehrenden Diskussionen und in einen Rechtfertigungsdruck gegenüber den Vorgesetzten wie den MitarbeiterInnen.

(...) dass immer wiederkehrende Diskussionen in dem Thema aufkommen, die einen auch als Verantwortliche erst mal vielleicht in eine eher unangenehme Situation (...) bringen, in eine Rechtfertigungssituation [den Vorgesetzten gegenüber]. Und man muss das Thema immer wieder auf eine sachliche Ebene heben, um eben auch die Argumente nochmal deutlich zu machen. Was spricht für das eine? Was spricht für das andere? Welchen Weg haben wir entschieden? Welche Informationen benötigen wir, um vielleicht den Weg nochmal zu verändern?

Eine Rechtfertigungs12situation stellt sich etwas anders dar als die Argumentation. Während bei der Argumentation Gespräche auf Augenhöhe stattfinden, findet sich in der Rechtfertigung ein deutliches Gefälle. Rechtfertigung ist eine Form der Verteidigung. Wer sich rechtfertigen muss, steht meist mit dem Rücken zur Wand. Das ist keine gute Ausgangsposition, denn sie verändert den Status. Mit Status ist dabei nicht der soziale Status gemeint, „der den Rang in einer Gesellschaft widerspiegelt", sondern „das Machtgefälle einer Beziehung zweier Personen" (Langenberger, 2011). Man unterscheidet dabei den Tief-Status vom Hoch-Status. Das Machtgefälle wird durch alle Formen der Kommunikation deutlich, also durch verbale, nonverbale wie paraverbale Kommunikation (Kap. 4).

Rechtfertigung bedeutet, sich klein zu machen, sich in einen niedrigen Status zu begeben. Dem jeweiligen Status werden spezifische Verhaltensweisen zugeordnet (vgl. Schreyögg & Sydow, 2009, S. 77). Menschen im Tief-Status zeigen z. B. eher Verlegenheitsgesten. Zudem wird z. B. die Stimmlage häufig höher und klingt damit gepresst und unangenehm. Es wird dann nicht mehr in der Indifferenzlage gesprochen, mit der die mittlere Tonhöhe bezeichnet wird und die Sie am ehesten aus entspannten Momenten kennen. Eine Führungskraft, die sich für eine Entscheidung im systemimmanenten Widerspruch rechtfertigen soll, befindet sich aber keineswegs in einer entspannten Situation.

> **Standortbestimmung**
> - Welche Situationen fallen Ihnen ein, in denen Sie dazu neigen, sich in einen Tief-Status zu begeben?

Für die Führungskraft kann eine Rechtfertigungssituation gegenüber den Vorgesetzten oder den MitarbeiterInnen entstehen.

Gegenüber den Vorgesetzten ist Rechtfertigung in der Regel aufgrund der Hierarchie nachvollziehbar. MitarbeiterInnen gegenüber ist Rechtfertigung gelegentlich darin begründet, dass eine Abhängigkeit von ihnen besteht und die Führungskraft MitarbeiterInnen nicht als reine BefehlsempfängerInnen sieht. Die befragten Coaches ergänzen die Rechtfertigung der Führungskraft vor MitarbeiterInnen und Vorgesetzten noch um die Rechtfertigung der Führungskraft vor sich selbst.

Das geht soweit, dass man irgendwie selbst klarste Sachverhalte verdreht und leugnet, weil man sich selbst die Dinge schönredet, weil man sich rechtfertigt.

Hierzu finden sich in der Studie jedoch keine Aussagen der Führungskräfte.

Praxistipp

- Sichern Sie sich im Zweifel bei Ihren Vorgesetzten ab, ob Ihre Lösung im Widerspruch mit deren Vorstellung übereinstimmt.
- Überprüfen Sie intuitiv getroffene Entscheidungen, bevor Sie in den Dialog darüber gehen.
- Bereiten Sie sich auf Gespräche vor, und halten Sie die nötigen Argumente und Fakten parat. Erklären Sie Ihre Sichtweisen und Beweggründe.

- Seien Sie im Gespräch offen dafür, andere Sichtweisen kritisch zu prüfen.
- Vermeiden Sie, in einen Niedrig-Status zu verfallen.

Komprimierte Studienergebnisse

- Das Thema Absicherung ist bei allen Führungskräften wesentlich, sobald der eigene Kompetenzrahmen im Widerspruch nicht ausreicht.
- Die befragten Führungskräfte betonen, dass Argumente für eine selbst getroffene Entscheidung im Widerspruch insbesondere dann wesentlich sind, wenn die Geschäftsleitung oder der/die direkte Vorgesetzte involviert ist.
- Die Studie zeigt, dass sich Führungskräfte auf Gespräche mit den Vorgesetzten über Lösungen aus dem systemimmanenten Widerspruch besonders vorbereiten, ihre Argumente durchdenken und Strategien für das Vorgehen im Gespräch entwickeln.
- Um sich abzusichern, beziehen Führungskräfte die nächsthöhere Hierarchieebene bei der Risikoverteilung von Entscheidungen im systemimmanenten Widerspruch ein.

Literatur

Adlmaier-Herbst, D. G. (2013). Aktuelle Erkenntnisse der Neurowissenschaften für die interne Kommunikation. https://dietergeorgherbst.de/blog/2013/02/10/aktuelle-erkenntnisse-der-neurowissenschaften-fur-die-interne-kommunikation/. Zugegriffen: 24. Okt. 2022.

Ariely, D. (2015). *Denken hilft zwar, nützt aber nichts: Warum wir immer wieder unvernünftige Entscheidungen treffen.* Droemer.

Bauer, T. (2018). *Die Vereindeutigung der Welt. Über den Verlust an Mehrdeutigkeit und Vielfalt* (12. Aufl.). Reclam.

Beck, H. (2014). *Behavioral economics. Eine Einführung.* Springer.

Bellebaum, A. (1992). *Schweigen und Verschweigen.* Westdeutscher.

Covey, S. R. (2012). *Focus: Achieving your highest priorities.* Brilliance Audio.

Damasio, A. R. (2004). *Descartes' Irrtum. Fühlen, Denken und das menschliche Gehirn.* List.
Davis, M. D. (1993). *Spieltheorie für Nichtmathematiker* (2. Aufl.). Oldenbourg.
Die Bibel. (2021). *Neue Genfer Übersetzung (NGÜ): Neues Testament mit Psalmen und Sprüchen.* Deutsche Bibelgesellschaft, Genfer Bibelgesellschaft und Brunnen.
Eisenhower, D. (1954). https://www.presidency.ucsb.edu/documents/address-the-second-assembly-the-world-council-churches-evanston-illinois. Zugegriffen: 31. Okt. 2022.
Erlei, M. & Szczutkowski, A. (2021). Morald Hazard. In *Gabler Wirtschaftslexikon.* Springer. https://wirtschaftslexikon.gabler.de/definition/moral-hazard-41628. Zugegriffen: 10. Aug. 2022.
Fontin, M. (1997). *Das Management von Dilemmata.* Deutscher Universitäts-Verlag.
Güth, W. (2013). *Spieltheorie und ökonomische (Bei)Spiele* (1. neubearb. Aufl. Ausgabe 1999). Springer.
Hall, E. T. (1976). *Beyond culture.* Anchor.
Heinrich, C., Hürter, T., Schramm, S. & Wüstenhagen, C. (2011). Die Kunst der Entscheidung. *ZEIT Wissen,* 6. https://www.zeit.de/zeitwissen/2011/06/Entscheidungen. Zugegriffen: 08. Okt. 2022.
Hofstede, G. (1993). *Interkulturelle Zusammenarbeit: Kulturen – Organisationen – Management.* [Aus dem Engl. von N. Hasenkamp und A. Lee]. Gabler.
Hüther, G. (2006). *Bedienungsanleitung für ein menschliches Gehirn* (6. Aufl.). Vandenhoeck & Ruprecht.
Jahn, J. (2006). *Kulturstandards im deutsch-französischen Management.* Deutscher Universitäts-Verlag/GWV Fachverlage GmbH.
Kahneman, D. (2012). *Schnelles Denken, langsames Denken.* Siedler.
Kahneman, D. & Tversky, A. (1979). Prospect theory: An analysis of decision under risk. *Econometrica, 47*(2), 263–291.
Keyserling, H. (Hrsg.) (1920). Der Weg zur Vollendung. In *Mitteilungen der „Schule der Weisheit" (1920–1946)* (1. Heft: Zur Einführung). Gesellschaft für Freie Philosophie.
Langenberger, S. (2011). Status: Zeichen der Körpersprache für Impro, Theater und Bühne. In *Pantomime Popkultur.* https://www.pantomime-popkultur.de/2011/11/status-zeichen-der-koerpersprache-fuer-impro-theater-und-buehne/. Zugegriffen: 10. Aug. 2022.

Liebermann, M. D., Eisenberger, N. I., Crockett, M. J., Tom, S. M., Pfeifer, J. H. & Weg, B. M. (2007). Putting feelings into words: Affect labeling disrupts amygdala activity in response to affective stimuli. *Psychological Science, 18* (5), 421–428. University of California.

Schreyögg, G. & Sydow, J. (Hrsg.). (2009). *Verhalten in Organisationen. Managementforschung 19*. Gabler.

Simon, F. B. (2006). *Gemeinsam sind wir blöd!? Die Intelligenz von Unternehmen, Managern und Märkten* (2. Aufl.). Carl-Auer.

Spektrum. (2000). *Ambiguitätstoleranz*. Akademischer. https://www.spektrum.de/lexikon/psychologie/ambiguitaetstoleranz/743. Zugegriffen: 03. Okt. 2022.

Spiegel Wissenschaft. (2007). *Gute-Laune-Psychologie. Reden hilft wirklich.* https://www.spiegel.de/wissenschaft/mensch/gute-laune-psychologie-reden-hilft-wirklich-a-489918.html. Zugegriffen: 03. Nov. 2022.

Stangl, W. (2022). Langsames und schnelles Denken. In *Was stangl bemerkt.* https://bemerkt.stangl-taller.at/langsames-und-schnelles-denken. Zugegriffen: 10. Aug. 2022.

Thaler, R. H. & Sunstein, C. R. (2010). *Nudge. Wie man kluge Entscheidungen anstößt.* Ullstein.

Watzlawick, P., Beavin, J. H. & Jackson, D. D. (1969). *Menschliche Kommunikation – Formen, Störungen, Paradoxien.* Huber.

Wirth, M. (2013). Löse ich Probleme durch das Sprechen darüber? In *Das Gehirn. Info. Der Kosmos im Kopf.* https://www.dasgehirn.info/aktuell/frage-an-das-gehirn/loese-ich-probleme-durch-das-sprechen-darueber?searchterm=lProzentC3ProzentB6seProzent20ichProzent20probleme//#:~:Text=WennProzent20ichProzent20michProzent20zumProzent20Beispiel,undProzent20dieProzent20eigentlicheProzent20LeistungProzent20stProzentC3ProzentB6ren. Zugegriffen: 03. Nov. 2022.

6

Führungskräfte passen sich an bis zur Selbstaufgabe

„Gut ist's, fest zu sein aus Temperament und beugsam aus Überlegung."
(Luc de Clapiers, o. J.)

Zusammenfassung Wenn Führungskräfte die angestrebte Veränderung (Kap. 5) nicht erreichen können oder es ihnen nicht wichtig genug erscheint, den Kampf für die Veränderung wirklich bis zum Schluss zu führen, dann nutzen sie die Anpassung als Weg, mit der Situation umzugehen. Anpassung geschieht manchmal auch nur temporär, um nach einer Weile einen neuen Versuch der Veränderung zu unternehmen. Die Strategie der Anpassung im systemimmanenten Widerspruch äußert sich in drei Verhaltensweisen der Führungskraft:

1. Zurückhaltung und Selbstkontrolle
2. Vertagen
3. Den Mittelweg ausloten

Führungskräfte nutzen diese drei Verhaltensweisen durchaus bewusst. Allerdings geschieht es nicht selten, dass sie dabei die Grenzen der eigenen Belastbarkeit überschreiten.

Anpassungsfähigkeit ist für Führungskräfte eine wichtige Eigenschaft. Sie gehört zum Überleben in einer sich rapide verändernden Welt. Die befragten Führungskräfte beschreiben drei Verhaltensweisen, wie sie die Strategie der Anpassung umsetzen:

1. Zurückhaltung und Selbstkontrolle
2. Vertagen
3. Den Mittelweg ausloten

Grundsätzlich ist Anpassung eine wichtige und erfolgversprechende Strategie im Umgang mit systemimmanenten Widersprüchen. Sie birgt jedoch auch Risiken, die sich insbesondere daraus ergeben, dass sich die Führungskraft die Problematik des Widerspruchs zu eigen macht und als ihr persönliches Problem empfindet. Dies äußert sich u. a. darin, dass sie eine Lösung in ihrem eigenen Verhalten sucht, was zu einer enormen Belastung werden kann.

6.1 Halte dich zurück und übe Selbstkontrolle

Im geschäftlichen Umfeld wird grundsätzlich eine gewisse Selbstkontrolle vorausgesetzt. Von Führungskräften wird erwartet, dass sie sich ihrer Verantwortung und ihrer Rolle bewusst sind und als Vorbilder auftreten. Unbeherrschtes oder unkontrolliertes Verhalten wird selten toleriert.

Das gilt auch für den Umgang mit systemimmanenten Widersprüchen. Diese lösen bei der Führungskraft zuerst eine innere Reaktion aus, die dann gefiltert bzw. verarbeitet eine äußere Reaktion nach sich zieht. An dieser Stelle verweisen wir – die an weiteren Informationen interessierten LeserInnen – auf die Ausführungen von Sachse (2020, S. 3), der zwischen Selbstregulation und Selbstkontrolle unterscheidet.

6 Führungskräfte passen sich an bis zur Selbstaufgabe

Das Spektrum der inneren Reaktion reicht von Ärger und Wut bis zu Frustration und Hilflosigkeit. Die Intensität der inneren Reaktion ist sowohl von der Persönlichkeit als auch von dem Stresslevel der Führungskraft in der jeweiligen Situation abhängig.

Nach außen dringt von der inneren Auseinandersetzung im geschäftlichen Umfeld nicht viel. Die Führungskraft beherrscht sich, um die eigene professionelle Haltung nach außen nicht zu verlieren. Dahinter stehen die beiden Überlegungen, dass

a) eine professionelle, sachliche Arbeitsatmosphäre zielführender ist.
b) das eigene Image und Standing leidet, wenn sie die Beherrschung verliert.

Es [die gleichzeitige Anforderung aus dem systemimmanenten Widerspruch] macht mich ‚wütend', ist falsch. Es macht mich grantig, ich glaube, das ist wahrscheinlich dasselbe, aber ein bisschen netter ausgedrückt. Da schwillt mir doch schon manchmal die Halsschlagader. (...) es dauert dann wieder, bis ich mich wieder runterpegele (...).

In ihrer Kommunikation achtet die Führungskraft auf Selbstkontrolle. Sie reagiert weder ungehalten noch nachtragend, verändert eher die Stimmlage als die Lautstärke, um dem Gesagten Nachdruck zu verleihen.

Also ich bin nicht nachtragend, ich reagiere nicht ungehalten, wenn irgendwie etwas (...) Kritisches aufkommt. Ich glaube, man muss [in der Kommunikation mit] mir wirklich auf nichts achten. Also man kann wirklich so sein, wie man ist und das halte ich auch für das Wichtigste.

Gerade in den besonderen Herausforderungen der systemimmanenten Widersprüche mit ihrer hohen Emotionalität bemühen sich Führungskräfte im Umgang mit Vorgesetzten, KollegInnen und MitarbeiterInnen um Sachlichkeit.

Emotionen werden dabei bewusst ausgeblendet, um die Situation nicht eskalieren zu lassen. Dazu gehört neben der sachlichen Tonalität auch die bewusst gewählte, längere Reaktionszeit in der Kommunikation, um die eigene innere Kontrolle zu behalten bzw. zu gewinnen.

> *Also, das: Situation bis zum Ende anhören und vielleicht mit einer Bewertung warten. Also, Denkzeiten einräumen. (…)*
> *Das ist gerade so bei E-Mail-Geschichten. Da habe ich vor Jahren dann noch gleich darauf reagiert. Das mache ich nicht mehr. Also, wenn mich irgendetwas aufregt, wo ich sage: ‚Woah, was ist denn das jetzt wieder?', ja, also und vor Jahren habe ich da wirklich dann auch noch emotional darauf geantwortet. Das mache ich nicht mehr. Ich lese dann die Sachen erst dreimal. Sachlich bleiben. Emotionen in dem Sinne ein bisschen versuchen, auszublenden.*

Neben dem sozial erwünschten Verhalten im beruflichen Kontext liegt eine weitere Motivation für die Selbstkontrolle gerade im systemimmanenten Widerspruch gelegentlich auch darin, die eigene Ohnmacht zu verbergen. Dabei werden Formulierungen sehr professionell und förmlich gehalten, um sich nicht angreifbar zu machen.

Alle befragten Führungskräfte kennen Situationen, in denen sich ihre Art der Kommunikation aufgrund von Stress verändert. Die befragten Coaches bestätigen dies aus ihrer Arbeit mit Führungskräften: Wenn der Druck zu groß wird, fällt die Selbstbeherrschung schwerer.

Das hängt damit zusammen, dass die Fähigkeit zu rationalem Denken und der zielgerichteten, reflektiert eingesetzten Kommunikation durch die Stressreaktion des Körpers eingeschränkt wird. Dabei können auch Gespräche als Drucksituation empfunden werden.

> *(…) wenn man im Gespräch ist, hat man immer einen gewissen Druck. So, und das geht mir dann auch oft so, wenn ich dann irgendwie aus dem ganzen Druck raus bin und, ich sage mal, dann wieder, ja, eine klare Situation irgendwie habe oder eine freie Situation habe, dann kommen die Gedanken. (…) Es gibt ja oft so Situationen, wo man dann im Nachhinein denkt: ‚Mensch! Da hättest du doch so oder so. Also warum ist dir das nicht eingefallen?'*

Die Führungskraft ist in jeder Kommunikation darauf angewiesen, dass die Botschaft bei ihrem Gegenüber nicht nur ankommt, sondern auch verstanden wird. Hierfür ist nicht nur Selbstkontrolle nützlich, sondern auch Übersetzungsarbeit notwendig. Das heißt, Führungskräfte bemühen sich darum, den richtigen Ton und die für das Gesprächsgegenüber angemessene Art und Weise zu finden, Inhalte zu vermitteln:

> *Also ich meine, natürlich überlegt man sich immer, wie man das sagt. Es ist etwas anderes, wenn ich meinem Partner abends einen Sachverhalt erzähle oder zu meinem Chef gehe, was die Wortwahl vielleicht angeht oder das Strukturieren im Kopf, wie man das Ganze jetzt kurz und knackig auf den Inhalt gebracht rüberbringt.*

In der Übersetzungsarbeit geht die Führungskraft dabei strategisch vor. Je nach Gewichtung des Themas nähert sie sich, vor allem im Dialog mit Vorgesetzten, langsam einem Thema an, um den Boden für das eigene Anliegen entsprechend zu bereiten.

> *Da muss ich halt vielleicht dann ein bisschen Vorarbeit leisten. Das ist in meiner Position dann oftmals mit Taktieren dann auch verbunden. Dass ich dann mal zwei, vier Wochen vorher schon mal [sage]: ‚Hier, guck mal.' Erstinformation: ‚Ach, guck mal, hier wären die Vorteile, das wäre so und so gut, lass uns in zwei Wochen mal darüber reden.' Vielleicht machen wir dann einen Termin und dann irgendwann wird es konkreter. (…) manche Sachen gehen nicht ohne Vorarbeit.*

Die InterviewpartnerInnen beschreiben Unterschiede im Gespräch, je nachdem, wer mit ihnen kommuniziert. Vor allem von den höheren Hierarchieebenen wird in der Kommunikation in der Regel eine große Professionalität erlebt, die von MitarbeiterInnen auf den unteren Ebenen nicht erbracht, aber auch in diesem Maße nicht gefordert wird.

Dennoch besteht der Wunsch, dass MitarbeiterInnen ebenso wie Vorgesetzte der Führungskraft *gefühlsmäßig ein bisschen entgegenkomm[en]*, indem auf ihre Stimmung und Mimik geachtet wird. Jeder Mensch hat *gute und schlechte Tage*, also auch Führungskräfte. Wenn die Führungskraft den MitarbeiterInnen schlechte Tage zugesteht, dann mit der Hoffnung, diese werden ihr selbst ebenso zugestanden.

> *Ja, weil ich aber den Menschen auch im Mitarbeiter sehe. Also, ich mir das selbst ja auch wünsche, egal ob von meinem Chef, oder von meinen Mitarbeitern.*

Lebenserfahrung, und nicht explizit Führungserfahrung, ist im Blick auf die Übersetzungsarbeit ein hohes Gut, auf das die Führungskraft zurückgreift.

> **Aus der Sicht der Führungskraft: Immer schön sachlich bleiben!**
> Stephan, 50 Jahre, Abteilungsleiter. Branche: Bank
>
> Vor ein paar Tagen stellte mir eine Bewerberin eine interessante Frage, mit der ich überhaupt nicht gerechnet hatte: „Woran werde ich merken, wenn Sie im Stress sind?"
> Es stellte sich heraus, dass sie in der Vergangenheit schlechte Erfahrungen mit einem cholerischen Chef gemacht hatte und nun wollte sie das Thema offensiv angehen.
>
> *Ich glaube, das merken Sie wenig oder erst sehr spät. Weil, wenn Sie als meine Mitarbeiterin auf mich zukommen, dann versuche ich, ein offenes Ohr zu haben. (...) Doch, Sie merken es schon, indem Sie im ersten Moment nicht bei mir durchkommen. Aber ich merke, dass Sie was von mir wollen und ich würde mich trotzdem bei Ihnen melden. (...) Wenn ich (...) im Stress bin, sage ich mal, dann kommen Sie nicht bei mir durch. Aber ich melde mich innerhalb von einem viertel oder halben Tag dann zurück und sage: ‚Hier, du wolltest was von mir. Können wir das kurz besprechen?'*
>
> Die Frage war für mich so ungewöhnlich, aber auch spannend, dass ich zu Hause mit meiner Frau darüber gesprochen habe. Sie meinte, dass ich mich in den letzten Jahren durchaus verändert hätte. Früher war ich deutlich unbeherrschter und das hat mein Gegenüber dann auch gemerkt.
> Wenn ich heute unter Druck gerate und in Gesprächen auch noch den Eindruck habe, mein Gesprächspartner versteht mich nicht oder will mich auch nicht verstehen,
>
> *das heißt aber nicht, dass ich dann laut werde, das glaube ich, das bringt nichts. Das ist auch etwas, was ich gelernt habe. Nur weil ich lauter bin, heißt es dann nicht, dass es zum Erfolg führt. Ich glaube, das ist bei kleinen Kindern genauso. Das bringt nichts. Man muss merken, dass mir Dinge wichtig sind, dass man es deutlicher nochmal anspricht, und das mache ich einfach über die Tonlage, aber nicht über die Lautstärke. Und dann sollte es aus meiner Sicht auch umgesetzt werden und zum Erfolg führen.*

6 Führungskräfte passen sich an bis zur Selbstaufgabe

Die Führungskraft bewahrt zumindest nach außen die Ruhe und wirkt ausgleichend auf den/die GesprächspartnerIn. Damit schafft sie die Voraussetzung für eine Kommunikation, bei der ihr Anliegen verstanden werden kann.

> *Also immer Ruhe bewahren. (…) alles andere bringt ja nichts. Wirklich. Kommunikatives Verhalten, also ja, runterfahren. Vielleicht auch mal eine Pause machen, die Sachlage nochmal sauber aufnehmen, Emotionen rausnehmen, wenn es möglich ist. Das wirkt ja auch ausgleichend auf das Gegenüber. Es kann zwar auch an der Stelle nochmal eine Herausforderung sein, wenn ein anderer super ruhig ist gegenüber, aber ja, in der Regel hilft das.*

Die Führungskraft zieht sich eher zurück, bleibt aber auf Anfrage für die eigenen MitarbeiterInnen ansprechbar. Selbstkontrolle kann dabei unter Umständen den ungewollten Nebeneffekt haben, dass das Gegenüber die Brisanz der Situation nicht erkennt.

Wenn der Unmut der Führungskraft nach außen dringt, dann landet er aus Sicht der befragten Führungskräfte meist dort, wo er ausgelöst wurde.

> *Wenn es Aggressionen gibt und wenn (…) ich ein Problem auf einer rechten Seite habe, dann spüren Sie das links nicht (…). Das blende ich dann komplett aus. Weil derjenige, der mir jetzt gerade gegenübersteht, der hat mit der Situation nichts zu tun. Warum soll er es abkriegen?*

Die Schwierigkeit im systemimmanenten Widerspruch besteht jedoch darin, dass die Ursache für die Unvereinbarkeiten und die damit verbundene emotionale Reaktion in den Hierarchieebenen über der Führungskraft bzw. im System als solchem liegt. Somit müsste die Führungskraft ihren Unmut bei der Geschäftsführung bzw. den Vorgesetzten äußern. In der Praxis zeigt sich jedoch, dass Unmut, sofern er ungefiltert geäußert wird, eher KollegInnen zu spüren bekommen.

Gegenüber den MitarbeiterInnen wie Vorgesetzten wird die Zurückhaltung länger aufrechterhalten. Auf der einen Seite steht die Führungskraft in der Verantwortung und Fürsorge für das eigene Team. Auf der anderen Seite ist sie abhängig von der höheren Führungsebene.

Die Selbstkontrolle der Führungskraft zeigt sich gelegentlich auch in einer anderen Form der Zurückhaltung.

Führungskräfte, die Lösungsstrategien für sich selbst gefunden haben, sind versucht, KollegInnen, die weniger gut zurechtkommen, im Sinne der kollegialen Beratung zu helfen. Gleichzeitig gaben einige befragte Führungskräfte an, dass sie sich aus Rücksicht bewusst zurückhalten, KollegInnen auf deren Schwierigkeiten anzusprechen. Damit soll vermieden werden, dass es als ein Einmischen in den Verantwortungsbereich und Kompetenzrahmen des anderen empfunden wird.

Selbstkontrolle und Zurückhaltung dienen dabei neben dem Selbstschutz auch dem Erhalt der Beziehungsebene, die nicht gestört werden soll.

Aber, [es] ist insofern schon schwierig, das Thema [systemimmanente Widersprüche] dann für sich anzunehmen und zu sagen: ‚Wie kann ich helfen?', weil es ist ja trotzdem ein anderer Bereich und andere Führungskreise auch. Und das wäre ja auch ein Stück weit, ja, ich weiß nicht, anmaßend dann da reinzugehen und zu sagen: ‚Ähm, da ist irgendwas im Busch und das müsste gelöst werden.' Ist schon ein schwieriges Thema, dass dann auch anzusprechen oder anzugehen.

Zurückhaltung und Selbstkontrolle als gewünschtes und positives Rollenverhalten birgt jedoch auch Gefahren.

So besteht die Möglichkeit, dass die Führungskraft emotional abstumpft, an Empathie verliert oder diese nicht mehr zeigen kann. Dann kann bei MitarbeiterInnen und KollegInnen der eigentlich gewollte Eindruck der Souveränität und Sachlichkeit kippen. Die Führungskraft wirkt unmenschlich, desinteressiert und distanziert.

Selektive Offenheit kann für die Führungskraft eine Hilfe sein, um diesem Effekt vorzubeugen. Hierbei lässt die Führungskraft ihr Umfeld an bewusst ausgewählten Informationen und Emotionen teilhaben.

Standortbestimmung
- In welchen Situationen fällt es Ihnen schwer, ruhig und sachlich zu bleiben?
- Woran merken Sie, dass Sie Gefahr laufen, die Selbstkontrolle zu verlieren?

Die Realität des Lebens zeigt: Selbstkontrolle gelingt nicht immer.
Die daraus resultierenden Verhaltensweisen sind individuell sehr unterschiedlich ausgeprägt. Dennoch zeigen sich einige Häufungen in den beobachteten bzw. beschriebenen Auswirkungen im kommunikativen Verhalten der Führungskräfte. Erlebt die Führungskraft Hilflosigkeit im Umgang mit Unvereinbarkeiten, zeigt sich dies häufig durch mangelnde Selbstkontrolle. Alle InterviewpartnerInnen beschreiben Gereiztheit als das am häufigsten selbst erlebte und beobachtete Verhalten.

Die befragten Coaches berichten von Führungskräften, die bei mangelnder Selbstkontrolle dazu tendieren, über die Macht der Rolle, sprich Befehl und Gehorsam, zu agieren. Als Folge dessen ist keinerlei dialogisches Miteinander mehr möglich, da für Auseinandersetzung und Gespräche die Energiereserven fehlen.

Mangelnde Selbstkontrolle erwächst dabei häufig aus Verzweiflung und Erschöpfung. Der Führungskraft stehen dann keine adäquaten Handlungsalternativen mehr zur Verfügung. Außerdem ist das Gegenüber durch die erlebte Art der Kommunikation vonseiten der Führungskraft meistens nicht mehr an einem weiteren Dialog interessiert.

Ist das eigene Verhalten wenig selbstreflektiert, geschieht ein *Mehr vom selben*. Das bedeutet, die Führungskraft intensiviert ihre Bemühungen, wählt dabei aber immer wieder dieselbe Strategie. Dies ist in der Regel zum Scheitern verurteilt und das Gefühl der Hilflosigkeit verstärkt sich.

Als ein weiteres Zeichen mangelnder Selbstkontrolle wird von den befragten Coaches Aktionismus der Führungskräfte beschrieben. Meist mündet dieser in einem *Wild-um-sich-Schießen* und Lauter-Werden. Da der Aktionismus nicht zielgerichtet ist, kann er nicht als erfolgreich wahrgenommen werden (vgl. Blessin & Wick, 2016, S. 93).

Einzelstimmen berichten auch von einem gänzlichen Erstarren der Führungskraft als Form, sich nicht mehr unter Kontrolle zu haben.

Gelingt die Selbstkontrolle einmal nicht, sind die befragten Führungskräfte durchaus in der Lage, sich zu entschuldigen und das eigene Verhalten als Fehler einzugestehen.

Es gibt Tage, ja, da habe ich mich auch schon dann für entschuldigt, wo ich das dann im Nachhinein selber gemerkt habe, dass ich sehr, sehr, sehr, sehr, sehr ruppig bin. Also letztendlich merkt man das bei mir, dass ich abweisend bin. Kann man mal so sagen. Ja, das kommt schon mal vor. Abweisend, genervt, (…) dass ich kurz angebunden bin.

Standortbestimmung
- Wie gehen Sie damit um, wenn Sie die Selbstkontrolle verloren haben?

Praxistipp

- Je entspannter Sie sind, desto stärker ist Ihre Selbstkontrolle. Sorgen Sie daher auch im Alltag gut für sich selbst.
- Gestehen Sie sich selbst ein, dass Sie nicht perfekt sind und auch nicht sein müssen. Sollte es Ihnen einmal an Selbstkontrolle mangeln, verschaffen Sie sich (Bedenk-)Zeit, um wieder ruhig und überlegt agieren zu können.
- Geben Sie zu, wenn Sie sich im Ton vergriffen haben, und entschuldigen Sie sich.

Komprimierte Studienergebnisse

- Alle befragten Führungskräfte kennen Situationen, in denen sich ihre Art, zu kommunizieren, verändert. Die befragten Coaches bestätigen dieses Ergebnis zu 100 %.
- Vereinzelt berichten Führungskräfte von einer Anpassung auf Zeit, um nach einer Weile einen neuen Versuch der Veränderung zu unternehmen.
- Selbstkontrolle und Zurückhaltung dienen den Führungskräften zum Selbstschutz und zum Erhalt der Beziehungsebene.
- Für 83 % der Befragten ist das Thema Übersetzungsarbeit ein zentraler Punkt, gerade wenn es um die Kommunikation im Widerspruch geht.

- Die befragten Coaches berichten, dass Führungskräfte bei mangelnder Selbstkontrolle über die Macht der Rolle agieren, mehr vom Selben tun oder ungerichteten Aktionismus zeigen.

6.2 Vertage

Ein weiterer Weg der Anpassung ist, die Suche nach einer Lösung aus dem Widerspruch zu vertagen. Dabei werden auch die Konflikte, die sich aus dem Widerspruch bzw. der Lösungssuche ergeben, auf einen späteren Zeitpunkt verschoben.

Systemimmanente Widersprüche sind von Führungskräften in der Kommunikation mit dem/der Vorgesetzten trotz aller Übersetzungsarbeit selten zu einer Lösung zu bringen. Als Folge findet sich die Führungskraft für den Moment mit der Situation ab. Da es aber kein nachhaltig befriedigendes Ergebnis gibt, sucht die Führungskraft nach wie vor eine Lösung und setzt die Thematik immer wieder neu auf die Tagesordnung.

Also [der systemimmanente Widerspruch] belastet mich dann auch, aber wirklich. Wo ich einfach die Klärung immer und immer wieder suche.

Diese Hartnäckigkeit zeigt gelegentlich Erfolg in der Form, dass Vorgesetzte aufgrund der wiederholten Anfrage eine Entscheidung treffen. Teilweise sind jedoch auch negative Konsequenzen zu erwarten:

Aber klar, mir ist das schon bewusst, dass das oft oder hin und wieder nach hinten losgehen kann. Dass der andere dann erst recht auf stur stellt oder sich anders verhält, als er sich eigentlich verhalten wollte, weil er auch genervt ist dann.

Ist eine Entscheidung durch die/den Vorgesetzte/n getroffen und nicht im Einvernehmen mit der Sichtweise der Führungskraft, wird sie dennoch im Sinne des Unternehmens und aus Loyalität gegenüber dem/der Vorgesetzten an die MitarbeiterInnen weitergegeben. Damit ist das Thema aber noch nicht ad acta gelegt, sondern beschäftigt die Führungskraft weiterhin.

> **Aus der Sicht der Führungskraft: Steter Tropfen höhlt den Stein – hoffentlich**
>
> Marion, 47 Jahre, Teamleiterin. Branche: Industrie
>
> In unserem Unternehmen werden, wie anderswo auch, im Herbst die Budgets für das nächste Jahr festgelegt.
> Und jedes Jahr aufs Neue gibt es dann eine Diskussion darüber, ob ich nicht mit weniger Budget trotzdem mehr Ergebnis aus meinem Bereich herausholen kann. Wenn ich dann gut vorbereitet aufzeige, dass ich bei der wachsenden Anforderung an die Qualität und gleichzeitig steigenden Umsatzzahlen mehr Budget statt weniger benötige, kommt von weiter oben das Killerargument: „Wir müssen sparen."
>
> *Aber für mich ist es klar, wenn ich Widersprüchlichkeiten habe, dann gehe ich da direkt darauf zu, wo das eigentlich herkommt, um die Hintergründe zu erfahren und gegebenenfalls entweder nochmal für Klarstellung oder eben für andere Lösungen zu sorgen.*
>
> *Also was ich nicht mag ist, einfach so eine Mitteilung zu nehmen, das zu akzeptieren und dann irgendwie so zu leben, aber unzufrieden zu sein. Ich bin eben so jemand, ich spreche das dann an. Und wenn mir z. B. eine [Vorgesetzte] dann sagt: ‚Ja, das kann ich verstehen. Es bleibt aber trotzdem bei dieser Entscheidung aus den und den Gründen', dann kann ich sowas auch mal akzeptieren, auch meiner Mannschaft einfach so vorgeben, lasse aber trotzdem immer natürlich meine persönliche Empfehlung und Meinung dort [bei der Vorgesetzten], und gegebenenfalls versuche ich zu einem späteren Zeitpunkt einfach nochmal, das Thema aufzugreifen.*
>
> Das bedeutet für mich, nächstes Jahr im Herbst versuche ich es wieder. Bis dahin lebe ich mit der Vorgabe.

Sich anzupassen bedeutet also nicht, die eigene Haltung aufzugeben.

> *Ich habe immer irgendwie wieder die Themen aufgegriffen. Dann lässt man sie halt mal eine Zeitlang liegen, aber irgendwann fasst man sie wieder und macht einen neuen Anlauf. Also, ich werde nicht müde, dann auch immer wieder einen Vorstoß zu machen, bis mir halt irgendeiner von oben sagt: ‚Jetzt aber mal still. (…) Jetzt reicht's mal.' Und dann sage ich: ‚Gut, dann lasse ich es ein bisschen länger liegen.'*

Hartnäckigkeit und Durchhaltevermögen zeigen sich als Kennzeichen bei dieser Anpassung auf Zeit.

Die Taktik, den Sachverhalt zu einem späteren Zeitpunkt neu in den Versuch der Veränderung zu bringen, erinnert an den Burgfrieden (vgl. Gellert & Nowak, 2014, S. 344) aus Lösungsansätzen der Konfliktbearbeitung. Das bedeutet, die intra- oder interpersonellen Konflikte, die sich aus dem systemimmanenten Widerspruch ergeben, werden für einen begrenzten Zeitraum beiseitegelegt oder verdrängt, um sie bei einer günstigeren Gelegenheit zu bearbeiten.

Allerdings ist diese Strategie nur bedingt sinnvoll, wenn wir uns vor Augen halten, dass systemimmanente Widersprüche mit der Zeit nicht weniger widersprüchlich werden und eine Auflösung auch zu einem späteren Zeitpunkt nicht leichter wird.

Eine besonders beliebte bzw. häufige Form des Vertagens ist die sogenannte „Jahresendlüge".

Mit dem Satz „Dieses Jahr war eine besondere Situation – nächstes Jahr wird es besser", beschreitet die Führungskraft für ihr eigenes Team, aber auch für das private Umfeld einen riskanten Weg. Sie beginnt unter Umständen, das Vertagen als Dauerlösung zu etablieren. Dabei liegt das Risiko darin, dass die Menschen um die Führungskraft herum diesen Ansatz als untauglich entlarven. Eine größere Gefahr ist darüber hinaus, dass die Führungskraft beginnt, dieser meist unberechtigten Hoffnung selbst auf den Leim zu gehen. Dahinter steckt das Phänomen, dass wir Menschen dazu neigen, die Dinge zu glauben, die am besten in das Bild passen, das wir bereits haben (vgl. Berberick et al., 2022, S. 110).

Von daher ist die Methode des Vertagens, wenn sie immer wieder auf dieselbe Situation angewandt wird, in der Bewertung von außen eher ein Vertrösten. Die Führungskraft selbst nimmt ihr Verhalten jedoch als Vertagen wahr und vertritt es als solches auch gegenüber den eigenen MitarbeiterInnen.

Standortbestimmung

- Welche Themen vertagen Sie, um zu einem späteren Zeitpunkt eine Lösung zu finden?
- Bei welchen Themen stehen Sie in der Gefahr, aus dem Vertagen ein Vertrösten werden zu lassen?

Praxistipp

- Richten Sie sich eine systematische Wiedervorlage für die scheinbar unlösbaren Themen ein.
- Prüfen Sie regelmäßig, ob Sie Themen, die Sie vertagt haben, bearbeiten wollen.
- Achten Sie darauf, dass Sie Widersprüche nicht dauerhaft vor sich herschieben.

Komprimierte Studienergebnisse

- Einzelne Führungskräfte berichten von erfolgreichen Lösungen, die sich aus dem hartnäckigen Wiederaufnehmen von widersprüchlichen Anforderungen im Gespräch mit den Vorgesetzten ergeben haben.
- Teilweise erleben Führungskräfte negative Konsequenzen, wenn sie ihre Vorgesetzten zu häufig mit Widersprüchen konfrontieren und Lösungen einfordern.
- Die Anpassung auf Zeit (Vertagen) wird nur von wenigen der befragten Führungskräfte als Strategie eingesetzt.

6.3 Lote den Mittelweg aus

Ein besonders hohes Maß der Anpassung liegt in dem Versuch der Führungskraft, beiden Aspekten des systemimmanenten Widerspruchs gerecht zu werden. Eine Balance beider Pole des Widerspruchs im Sinne eines zeitlich aufeinander folgenden Auspendelns, in dem mal die eine und mal die andere Seite etwas überwiegt (Abschn. 5.1.2), gelingt dabei den wenigsten Führungskräften. Das „Sowohl, als auch" mündet daher eher in der zeitgleichen Berücksichtigung beider Pole.

Der Mittelweg ist der Versuch, die Prioritäten gleich hoch zu setzen, immer in dem Wissen, dass es nicht zu 100 % zu schaffen ist. Im Gegensatz zur Priorisierung ist im Mittelweg der Wechsel zwischen den verfolgten Polen so kurz getaktet, dass von einer Gleichzeitigkeit gesprochen werden kann.

Daher ist rein quantitativ die Verfolgung der zwei sich widersprechenden Ziele eine Doppelbelastung, die sich z. B. in der verlängerten Arbeitszeit widerspiegelt.

Dazu kommt der erhöhte Aufwand an Kommunikation und Koordination, um eine größtmögliche Transparenz für die eigenen MitarbeiterInnen, KollegInnen und Vorgesetzten zu erreichen.

Die meisten befragten Führungskräfte geben an, dass die Strategie des Veränderns bereits als erfolglos bewertet wurde, bevor die Strategie des Mittelwegs ergriffen wird. Ein Drittel der befragten Führungskräfte beschreiben den Mittelweg als eine Strategie, mit systemimmanenten Widersprüchen umzugehen, in denen keine Veränderung für sie möglich ist.

Interessant ist die Beobachtung, dass Führungskräfte eine klare Präferenz haben, Entscheidungen zu treffen und systemimmanente Widersprüche am liebsten klären oder zumindest verändern wollen. Daraus lässt sich auf eine geringe Ambiguitätstoleranz schließen. Dennoch zeigt sich besonders in der Strategie, den Mittelweg zu finden, eine eher stark ausgeprägte Ambiguitätstoleranz. An dieser Stelle scheint das eigene Idealbild als EntscheiderInnen der befragten Führungskräfte nicht mit dem gewählten Verhalten des Mittelweges übereinzustimmen.

Die Grenzen bzw. Risiken bei der Verfolgung des Mittelweges sind schnell erkennbar.

Die Mehrarbeit und Überlastung kann zur kompletten Erschöpfung und zum Rückzug aus der Kommunikation führen.

Einer der befragten Coaches formuliert:

> *Dann versuchen sie [die Führungskräfte], alles unter einen Hut zu bekommen und es allen Recht zu machen. Ist meine Wahrnehmung. Und arbeiten dann stundenlang. Und dann passieren die Fehler, und das schlechte Gewissen kommt dann erst recht.*

Hier sei auf die Erkenntnis von Haubl et al. (2013) verwiesen, dass die Führungskraft sich mit Bedingungen im Unternehmen arrangiert, „die auf eine Überforderung hinauslaufen" (S. 82), was die diesem Buch zugrunde liegende Studie bestätigt. Die MitarbeiterInnen und Vorgesetzten nehmen in erster Linie eine überlastete Führungskraft wahr.

Führungskräfte des mittleren Managements sind dabei besonders herausgefordert, da sie aufgrund ihrer Sandwichposition allen Anforderungen von oben durch Vorgesetzte, von unten durch MitarbeiterInnen als auch vonseiten der KollegInnen gerecht werden wollen und sollen.

> *Oder eben wirklich dergestalt, dass es dann Führungskräfte gibt, die ein ‚was interessiert mich mein Geschwätz von gestern?' leben. Die dann wirklich echt ‚Fähnchen im Wind' [sind]. Also in dem Meeting die und die Leute dabei, sage ich das. Und im nächsten Meeting die und die Leute dabei, sage ich es ganz anders. Und das dann zum Teil die Mitarbeiter sagen: ‚Woah. Ich weiß jetzt eigentlich überhaupt nicht mehr, auf was ich mich hier verlassen kann.' Und das schafft Unsicherheit und Instabilität und vor allem, was das riesengroße Problem ist: Das Vertrauen geht flöten.*

Wie die oben genannte Aussage zeigt, gehen im Zuge der Anpassung die Voraussetzungen für gelingende Kommunikation wie Verlässlichkeit und Vertrauen verloren.

Nehmen wir noch einen anderen Aspekt in den Blick:

Für Führungskräfte ist der Mittelweg als solcher bereits eine Belastung, da sie sich als EntscheiderInnen definieren und somit im Mittelweg gegen ihr eigenes Selbstverständnis agieren. Dies führt häufig zu einer inneren Zerrissenheit und Unzufriedenheit, was wiederum die Leistungsfähigkeit reduziert.

Als Erklärung wird jedoch selten die wahre Ursache erkannt. Häufiger gibt es dann Schuldzuweisungen.

Ist eine Zuschreibung von Schuld auf Personen nicht möglich, wird das System verantwortlich gemacht.

> *(…) wenn du dem Menschen die Möglichkeit gibst und fragst: ‚Was läuft schief?', dann bejammert er das ganze System, spricht aber gar nicht über sich.*

Bei allen erkannten Risiken bzw. negativen Folgen der Strategie des Mittelweges stellt sich doch die Frage, warum Führungskräfte diesen Ansatz trotzdem verfolgen?

Einige Aspekte seien hier aufgeführt, wobei die gewählte Reihenfolge keine Aussage über die Ausprägung oder Wichtigkeit der einzelnen Faktoren darstellt.

a. Loyalität gegenüber dem Unternehmen als Arbeitgeber Grundsätzlich identifiziert sich die Führungskraft stark mit dem Unternehmen. Neben der Identifikation durch positive persönliche Erfahrungen, z. B. im Erleben der eigenen Vorgesetzten, spielen auch die gelebten Werte des Unternehmens eine wichtige Rolle.

In einer Studie des RKW zu Einstellung und Verhalten deutscher Führungskräfte aller wirtschaftlichen Bereiche fanden Hedtmann und Bechert (2006) heraus: „Fast 75 % der befragten Führungskräfte fühlen sich von der Kultur bzw. Philosophie ihres Unternehmens sehr beeinflusst. Der Anteil, der sich wenig bis gar nicht von den Werten des Unternehmens beeinflusst fühlt, liegt bei 7 %. Dies zeigt, dass Führungskräfte sich mit ihren Unternehmen identifizieren, dessen Werte kennen und annehmen" (S. 12).

Dazu gehört auch ein hohes Maß an Pflichtbewusstsein für die übernommene Aufgabe und die damit verbundene Verantwortung. Wie in Abschn. 3.2 beschrieben, sind mit der jeweiligen Funktion im Unternehmen auch Rollenerwartungen verknüpft. Viele bleiben für die Führungskraft gerade im systemimmanenten Widerspruch jedoch diffus. Die Kombination aus Unklarheit der Rolle und Verantwortungsgefühl führt oftmals zu einem stark erhöhten Engagement.

Eine Führungskraft beschreibt das so:

[Dann] müssen wir das auf dem Rücken der Führungskraft austragen. Ob [der Geschäftsführung] das so bewusst ist, weiß ich gar nicht, oder es ist denen egal, das kann natürlich auch sein. (…) [Die Führungskraft] sagt ja sowieso nichts. Die jammert nicht. Die jammert vielleicht hier und da mal, aber im Endeffekt macht sie es trotzdem. Das ist das, wo ich dann manchmal auch sage:

> ‚Ich habe mich meinem Schicksal ergeben.' Ich mache es ja auch zum Wohle der Allgemeinheit. Manchmal könnte ich auch sagen: ‚Leute, ich habe [Stand Ende Oktober] noch 30 Tage Urlaub, wann gedenkt ihr denn, dass ich den nehmen soll?'

Die ungeklärte Widerspruchssituation wird der Führungskraft aufgebürdet und ihr bleibt nur die Hoffnung: *Irgendwie wird es schon gehen.*

Die Vernachlässigung ihrer selbst wird dabei als Loyalität dem Unternehmen gegenüber bewertet. Es ist nicht direkt erkennbar, dass Unternehmen dieses Verhalten absichtlich fordern. Allerdings wird es von Unternehmensseite auch nicht explizit abgelehnt.

In neueren Umfragen im Bereich des Talent Managements zeigt sich die Tendenz, dass insbesondere bei der Generation Z (Jahrgänge 1997–2012) die Identifizierung mit dem Unternehmen und die Bereitschaft, Verantwortung zu übernehmen, schwächer ausgeprägt ist (Schahinian, 2021). Der Anteil an Führungskräften in dieser Altersgruppe ist derzeit noch gering, da das Durchschnittsalter von Führungskräften in Deutschland um die 50 Jahre liegt (Rudnicka, 2022). Für die Zukunft wird eine besondere Herausforderung im Bereich der Führungskräfteentwicklung darin liegen, die Anforderungen an Führungskräfte mit den Werten der Generation Z in Einklang zu bringen.

b. Fürsorge für die der Führungskraft anvertrauten MitarbeiterInnen Die Ergebnisse der Studie belegen: Eine weitere Begründung, warum Führungskräfte in systemimmanenten Widersprüchen beide gegensätzlichen Pole gleichzeitig verfolgen, ist das Verantwortungsgefühl gegenüber dem eigenen Team. Dieser Aspekt ist auch ein Teil der Rollenerwartung. Er wird jedoch von den befragten Führungskräften als eine besondere Aufgabe wahrgenommen und bewertet.

> *Widersprüchliche Anforderungen. (…) ich muss derjenige sein, der es abfedern muss, damit meine Mitarbeiter am Ende trotzdem einen guten Job machen können.*

Die Führungskraft empfindet eine Fürsorgepflicht, die eigenen MitarbeiterInnen weitestgehend vor Überlastung durch widersprüchliche Anforderungen zu schützen (vgl. Hartmann, 2017, S. 152).

Ich bin das Schutzschild für meine Mitarbeiter in solchen Situationen.

c. Sicherheit durch das gewohnte Umfeld und die wirtschaftliche Versorgung Ein drittes Motiv für die starke Form der Anpassung liegt in der persönlichen Absicherung der eigenen Position. Im Unterschied zu den beiden erstgenannten Motiven ist es weniger idealistisch, das bedeutet aber nicht zwangsläufig, dass es stärker oder schwächer wirkt.

Der Aspekt der Loyalität gegenüber dem/der ArbeitgeberIn erfährt an dieser Stelle eine Ergänzung durch die finanzielle Abhängigkeit der Führungskraft vom Unternehmen.

Für die Sicherheit spielt jedoch nicht nur der wirtschaftliche Aspekt eine Rolle, sondern auch der mit der Rolle verbundene Status. Außerdem darf nicht unterschätzt werden, wie stark gewohnte Abläufe, das stabile Umfeld usw. Sicherheit geben.

Zudem ist Führungskräften durchaus bewusst, dass es in jedem Unternehmen systemimmanente Widersprüche gibt. Von daher leben sie sicherer nach dem Grundsatz: „Lieber das bekannte Elend als das unbekannte".

> **Standortbestimmung**
> - In welchen Situationen verfolgen Sie gleichzeitig gegensätzliche Anforderungen?
> - Welche Motive haben Sie dafür?

Alle Motive, die zur Anpassung der Führungskraft führen, haben gemeinsam, dass die Führungskraft sich die Problematik des systemimmanenten Widerspruchs persönlich zu eigen macht. Diese Personalisierung ist, wie beschrieben, in ihrer Auswirkung auf die Führungskraft durchaus problematisch.

Aus der Sicht der Führungskraft: Wenn nicht ich, wer dann?
Brigitte, 52 Jahre, Teamleiterin. Branche: Dienstleistungen

Es ist mal wieder spät geworden. Eigentlich habe ich um 17:00 Uhr Feierabend. Aber als Führungskraft kann ich mir nicht leisten, einfach den Hammer fallen zu lassen, nur weil der Zeiger der Uhr eine bestimmte Zeit ansagt. Die Firma geht vor. So sehe ich das. Jetzt ist es halb acht, und ich sitze hundemüde hinterm Steuer.

Der Tag in der Firma fing um 6:30 Uhr an, als ich mein Team mit den letzten Instruktionen für die einzelnen Aufträge losgeschickt habe.

Das gehört für mich dazu, dass ich morgens die Erste bin und alles im Blick habe.

Die letzten Stunden habe ich damit verbracht, mir zu überlegen, wie ich gleichzeitig meinem Chef gerecht werde und dabei meinen Kunden nicht über den Tisch ziehe.

Na gut, gerade im Kundenbereich, gerade dem Wert Ehrlichkeit treu zu bleiben ist im geschäftlichen Bereich nicht immer einfach. Wenn [es] halt immer mit den Ellenbogen darauf zu [geht]. Ja klar, wenn es um das Thema Geld geht, wird es schwierig.

Wenn ich meinem Chef sage, dass wir an diesem Auftrag kein Geld verdienen, aber der Kunde zukünftig lukrativ ist, dann kenne ich seine Antwort schon: „Wir müssen die Gehälter zahlen. Auch deins – jeden Monat. Da haben wir doch bestimmt noch ein paar Zusatzarbeiten ausgeführt, die wir abrechnen können."

Ich will diesen Spagat aber gerne schaffen, beiden Seiten gerecht zu werden. Ich fühle mich verantwortlich. Doch manchmal scheint es mir schier unmöglich, eine Lösung zu finden. Selbst mein erhöhter Einsatz bringt mich da nicht wirklich weiter. Trotzdem bin ich stundenlang beschäftigt, es allen recht zu machen. Ich versuche, das irgendwie hinzubekommen. Ich muss und will da eine Lösung finden.

Also spreche ich nochmal mit dem Kunden und erkläre die Rechnung, und dann sitze ich wieder bei meinem Chef und rechne ihm vor, dass der Kunde viel Potenzial hat und wir da in Zukunft bestimmt noch ordentlich Gewinn generieren können.

Manchmal frage ich mich, ob ich die einzige bin, die versucht, das Geschäft sowohl kurz- als auch langfristig am Laufen zu halten.

Führungskräfte, die in inkompatiblen Situationen allein keine Lösung finden, neigen dazu, diese Situationen persönlich zu nehmen. Die

Führungskraft bezieht das Problem auf sich selbst. Die Unfähigkeit, eine Lösung zu finden, wird als persönliches Scheitern wahrgenommen. Verstärkt wird dieses Gefühl, wenn der Druck, eine Lösung finden zu sollen, vonseiten der MitarbeiterInnen oder durch Vorgesetzte wächst, aber keine Unterstützung erfolgt. Die Führungskraft erlebt sich als schlechte Führungskraft, die den Ansprüchen nicht gerecht werden kann. Das Selbstwertgefühl leidet. Meist geschieht das in einem schleichenden Prozess. Die Führungskraft nimmt anfangs eher ein unbestimmtes Gefühl des Unbehagens wahr. Erst durch die reflektierte Betrachtung der eigenen Situation, z. B. im Coaching, wird die Problematik offenbar und kann bearbeitet werden.

Die Führungskraft passt sich unter Umständen an die Situation und die damit verbundenen widersprüchlichen Anforderungen so sehr an, dass sie sich als Person mit ihren eigenen Bedürfnissen und Haltungen nahezu selbst aufgibt.

Ein Coach beschreibt dieses Verhalten der Führungskräfte so:

Das ist jedes Mal ein Theater, jedes Mal eine andere Schauspielrolle einnehmen. Welche Maske muss ich gerade in welchem Umfeld aufsetzen (…)? Und somit verlieren sie den kompletten Bezug zu sich selbst und als Führungskraft. Die haben gar keine Identität als Führungskraft mehr (…).

Die Belastung durch die Erfüllung beider Pole im Widerspruch kann dazu führen, dass die Führungskraft die Situation oder sogar das Unternehmen verlässt, um dem Gefühl der Selbstaufgabe bzw. der totalen Erschöpfung zu entgehen.

Praxistipp

- Bevor Sie sich anpassen, beantworten Sie sich folgende Fragen:
    - Welchen Kampf kann ich gewinnen?
    - Welchen Kampf muss ich gewinnen?
    - Welchen Kampf will ich vermeiden?

- Vermeiden Sie dauerhafte Mehrbelastungen bei dem Versuch, beide Seiten eines systemimmanenten Widerspruchs gleichzeitig zu verfolgen.
- Nehmen Sie Hinweise aus Ihrem Umfeld wahr und ernst, die Ihnen signalisieren, dass Sie sich verändert haben.
- Bleiben Sie für Ihr berufliches Umfeld berechenbar, wenn Sie den Mittelweg ausloten und gegensätzliche Positionen gleichzeitig verfolgen.

Komprimierte Studienergebnisse

- Ein Drittel der befragten Führungskräfte stellt den Mittelweg im Widerspruch als mögliche Lösung heraus.
- Die Vernachlässigung der eigenen Bedürfnisse wird von Führungskräften als Loyalität gegenüber dem Unternehmen (um-)gedeutet.

Literatur

Berberick, T., Lindsay, P. & Schulz, J. (2022). *The leadership habit* (3. Aufl.). Redline.

Blessin, B. & Wick, A. (Hrsg.) (2016). *Führen und führen lassen in der Praxis.* UVK.

Clapiers, de Luc. (o. J.). Réflexions et maxims (S. 336). Gilbert D.- L. (Hrsg. 1857). FURNE ET CIE.

Gellert, M. & Nowak, C. (2014). *Teamarbeit – Teamentwicklung – Teamberatung. Ein Praxisbuch für die Arbeit in und mit Teams* (5. unv. Aufl.). Limmer.

Hartmann, B. (2017). *Drahtseilakt Unternehmenswandel.* Springer Gabler.

Haubl, R., Voß, G., Alsdorf, N. & Handrich, C. (2013). *Belastungsstörung mit System. Die zweite Studie zur psychosozialen Situation in deutschen Organisationen.* Vandenhoeck & Ruprecht.

Hedtmann, V. & Bechert, S. (2006). *Projektbericht. Deutsche Führungskräfte. Wertvorstellungen, Karriere, Arbeitsumfeld im Management deutscher Unternehmen und Nonprofit-Organisationen. Länderstudie Deutschland.* RKW Rationalisierungs- und Innovationszentrum der Deutschen Wirtschaft e. V.

Rudnicka, J. (2022). Durchschnittsalter von Führungskräften in Deutschland im Jahr 2018. In *Statista.de*. Statista. https://de.statista.com/statistik/daten/studie/182536/umfrage/durchschnittsalter-von-geschaeftsfuehrern-nach-bundeslaendern-und-geschlecht/. Zugegriffen: 29. Sept. 2022.

Sachse, R. (2020). *Selbstregulation und Selbstkontrolle*. Hogrefe.

Schahinian, D. (2021). Generation Z: Hohe Ansprüche, geringe Arbeitgeber-Identifikation. In *Personalpraxis 24.de*. F.A.Z. Business Media GmbH. https://www.personalpraxis24.de/personalentwicklung/talent-management/generation-z-hohe-ansprueche-geringe-arbeitgeber-identifikation-13450/. Zugegriffen: 29. Sept. 2022.

7

Manchmal hilft nur, zu gehen

"Wer sich den Gesetzen nicht fügen lernt, muss die Gegend verlassen, wo sie gelten."
(Johann Wolfgang von Goethe, 1829)

Zusammenfassung Je nach persönlicher Widerstandskraft bzw. Willen zum Durchhalten steht die Führungskraft früher oder später vor der Frage: Wie lange bin ich bereit, unbefriedigende Konstellationen im Unternehmen hinzunehmen? Dabei ist die Einflussmöglichkeit auf Widersprüche ein zentraler Aspekt. Denn das permanente Erleben der eigenen Wirkungslosigkeit erzeugt massive Frustration und Demotivation. Scheitern die Bemühungen, die eigene Situation zu verändern oder sich erfolgreich an diese anzupassen, bleibt als ultima ratio die Flucht als das innere oder auch äußerliche Verlassen der Situation, um als Führungskraft nicht ernsthaft zu erkranken oder auszubrennen.

Die altbekannte Weisheit von „love it", change it or leave it (liebe es, verändere es oder verlasse es) ist weit mehr als ein erfahrungsbasierter Spruch auf einer Postkarte oder aus dem allgemeinen Managementwortschatz. Die Ergebnisse der dem Buch zugrunde liegenden Studie zeigen deutlich, dass das Verlassen („leave it") sehr häufig die letzte Stufe einer längeren Entwicklung ist. Sowohl Anpassen („love it") als auch Verändern („change it") wurden zuvor von der Führungskraft mit viel Aufwand, persönlichem Einsatz und Frustration probiert.

Der Dreischritt ist nicht nur eine Aufzählung von unterschiedlichen Alternativen, sondern wird oft als ein durchlaufender Prozess erlebt.

Dabei ist für Führungskräfte die Reihenfolge eine andere als die oben beschriebene. Führungskräfte wollen entscheiden bzw. verändern, wenn sie auf einen Widerspruch stoßen. Von daher wird aus einem „love it, change it or leave it" in der Realität der Führungskräfte ein: „Change it, love it or leave it."

Dabei ist die Dauer der Versuche, Situationen zu verändern („change") oder durch Anpassung zu akzeptieren („love") durchaus unterschiedlich. Wenn diese Bemühungen allerdings scheitern, bleibt am Ende die Flucht („leave") als das innere oder auch äußerliche Verlassen der Situation als ultima ratio der einzige Weg, um als Führungskraft nicht ernsthaft zu erkranken oder auszubrennen.

7.1 Innere Kündigung

Schon seit Jahren ist die innere Kündigung ein Thema der Forschung und Beobachtung im Bereich der MitarbeiterInnen-Zufriedenheit und Motivation. Die Zahl der Führungskräfte und MitarbeiterInnen, die sich innerlich bereits von ihrem Unternehmen verabschiedet haben, liegt dabei relativ konstant bei ca. 15 % (Gallup, 2022, S. 4). Die volkswirtschaftlichen Kosten aufgrund von innerer Kündigung beliefen sich im Jahr 2021 auf eine Summe zwischen 92,9 und 115,1 Mrd. EUR (Gallup, 2022, S. 5).

> *(…) und da bin ich immer wieder baff, wie viele dann (…) innerlich doch abgeschaltet haben. Jetzt nicht nur als Führungskräfte, sondern auch als qualifizierte Sachbearbeiter.*

Obwohl das Thema lange allgemein bekannt ist, stellt der jeweilige Einzelfall für das Unternehmen doch meist eine Überraschung dar. Denn der innere Rückzug geschieht schleichend und still. Zu Beginn steht häufig eine Kompensation bzw. Ablenkung durch kleine Erfolge an anderer Stelle. Oftmals im privaten Bereich. Dabei sind die Möglichkeiten der Zerstreuung so bunt wie das Leben selbst. Die Bandbreite reicht von zahlreichen Kurzurlauben über die Intensivierung von allen denkbaren Hobbys bis hin zu ehrenamtlichem Engagement oder der intensiven Nutzung von Erwachsenenbildung, um nur einige zu nennen. Eine Führungskraft beschreibt dies wie folgt:

> *Wenn es so ganz stressige Phasen sind oder wenn es einfach nicht läuft, dass ich dann auch wirklich mal ein paar Tage brauche. (…) Da schaffe ich mir mal drei Tage Luft und gehe auch mal raus und gehe weg, komplett weg. (…) ich fahre mal wohin, damit ich mal den Kopf frei bekomme.*

Aber mit längerer Dauer des Zustandes reichen diese Ablenkungen immer weniger aus. Die Frustration und die Zahl der zynisch-sarkastischen Aussagen als Ausdruck der inneren Distanz zum Unternehmen wächst. Häufig erhöhen sich auch die gesundheitsbedingten Ausfallzeiten. Der Körper reagiert, wenn die Seele leidet.

Ute Wolter (2022) beschreibt in ihrer Auswertung der Gallup-Studie, dass „die Bereitschaft, seinen Arbeitgeber zu wechseln, seit dem Ausbruch des Corona-Virus gestiegen [ist]. Nur 60 % der Studienteilnehmer gaben in der aktuellen Befragung an, dass sie innerhalb der nächsten zwölf Monate auf jeden Fall noch in ihrem Unternehmen arbeiten wollen. In der Vorbefragung waren es 61 % – bereits ein deutlicher Rückgang gegenüber 2019 (73 %) und 2018 (78 %). Corona hat also offenbar zu einer gesunkenen Loyalität der Beschäftigten geführt. Fast ein Viertel (23 %) möchte in einem Jahr nicht mehr beim aktuellen Unternehmen tätig sein."

Gerade in der Corona-Pandemie hätte man annehmen müssen, dass ArbeitnehmerInnen sich glücklich schätzen, wenn sie einen sicheren Job haben. Doch ausgerechnet in dieser Zeit ist eine höhere Zahl an inneren Kündigungen festzustellen als vor der Pandemie. Neben der Rückbesinnung auf Werte wie Familie oder Freiheit ist die Kommunikation in den Unternehmen ein wesentlicher Grund dafür. Bindungskräfte, die durch den persönlichen Austausch zwischen Führungskräften und MitarbeiterInnen entstehen, sind durch die Kommunikation über fast ausschließlich digitale Hilfsmittel (Video- und Telefonkonferenzen usw.) stark eingeschränkt. Dies gilt auch für das Miteinander von Führungskräften und ihren Vorgesetzten. Außerdem haben die pandemiebedingten Themen wie Homeoffice-Regelungen, Betreuungstage für Kinder usw. auch neue systemimmanente Widersprüche hervorgebracht. Diese wurden dann häufig schlecht kommuniziert bzw. unbearbeitet stehen gelassen.

> *Also aktuell würde ich sagen, ist es ein Stück weit ein Widerspruch, dass in der Erwartungshaltung schon da ist, dass wir vielleicht bei [Unternehmensname] (…) hier im Office sind, aber zugleich eben auch gesagt wird, wir sollen im Homeoffice arbeiten. Was gemäß den Corona-Bedingungen ja auch die Berechtigung hat. Das erlebe ich schon ein Stückweit als Widerspruch. Da [würde] sicherlich eine konkrete Ansage Klarheit bringen.*

Schlechte Kommunikation in systemimmanenten Widersprüchen führt dazu, dass Führungskräfte im inneren Rückzug kaum noch in den Dialog mit den KollegInnen und dem/der eigenen Vorgesetzten gehen. Zu beobachten ist auch eine Verlagerung von der direkten und persönlichen Kommunikation zu vermehrtem Schreiben von E-Mails oder Memos.

> *Häufig erlebe ich, dass sie [die Führungskräfte] dann auf Distanz gehen und, um sich diesem Druck, auch dem Konflikt, zu entziehen (…), weniger kommunizieren.*

Interessanterweise bleibt die Kommunikation mit den eigenen MitarbeiterInnen länger erhalten.

Die innere Distanz zum Unternehmen ist zugleich Ausdruck und Wirkung von fehlender Motivation. Dabei fehlt sowohl die Motivation zur eigenen Leistung als auch die Motivation, systemimmanente Widersprüche zu verändern oder sie länger zu ertragen.

In den diversen Befragungen zu Motivation und Bindung an das Unternehmen (z. B. Hays, 2021; Gallup, 2022) sind die Ursachen für mangelnde Motivation und den inneren Rückzug vergleichbar verteilt. Leichte Abweichungen ergeben sich allenfalls z. B. aus der Anzahl der Antwortmöglichkeiten. Die Hauptursachen für den inneren Rückzug von Führungskräften und MitarbeiterInnen liegen dabei in den Bereichen mangelnde Wertschätzung, mangelnde Empathie und schlechte Kommunikation der jeweiligen Vorgesetzten. Dazu gehört nach den Ergebnissen der diesem Buch zugrunde liegenden Studie auch der Umgang von Vorgesetzten mit systemimmanenten Widersprüchen.

Dabei ist die zentrale Frage, die nach der Einflussmöglichkeit auf diese Widersprüche. Denn das permanente Erleben der eigenen Wirkungslosigkeit erzeugt massive Frustration und Demotivation.

Sprenger (2012) stellt die Rolle von Vorgesetzten deutlich heraus: „Es sind die vielen kleinen verbalen und non-verbalen Gesten des Nicht-Beachtens, Überhörens und leisen Geringschätzens, die niederdrücken. Es gibt keinen unternehmensrelevanten Faktor, der so stark demotiviert, wie die soziale Inkompetenz der unmittelbaren Führungskraft" (S. 102).

Die befragten Coaches und Führungskräfte beschreiben dieses Phänomen wie folgt:

Mitarbeiter lernen dann auch: ‚Ich sehe was, aber ich darf das nicht sagen.'
Die werden da meistens durch frustriert und entweder verlassen sie das Unternehmen oder sie (…) gehen halt so in die Gleichgültigkeit, Dienst nach Vorschrift und sagen: ‚Es ist halt bei uns hier so, da kann man nichts dran machen.'

Weißt du was, was soll ich noch daran ändern? Ich mache jetzt hier noch meine drei, vier Jahre und dann ist auch gut.

Ich schluck' das runter und mir ist das dann egal. Ich hab' meine Sache gesagt, dazu. Was soll ich machen? Wenn nicht reagiert wird, ich kann ja nicht noch höher gehen, das sind ja schon die Höchsten. Höher geht ja nicht. (…) Mir ist das dann (…) eigentlich egal.

> **Standortbestimmung**
> - Gibt es Konflikte oder Widersprüche in Ihrem beruflichen Umfeld, die „totgeschwiegen" werden?
> - Haben Sie den Eindruck, dass sich an diesen Themen etwas ändern kann?

> **Aus der Sicht der Führungskraft: Hoffen auf die Rente**
>
> Hans-Peter, 57 Jahre, Abteilungsleiter. Branche: Handel
>
> Neulich beim Kartenspielen war es mal wieder soweit. Die allgegenwärtige Frage machte die Runde. „Wie lange hast Du noch bis zur Rente?"
> Jörg hat noch vier Monate und freut sich so richtig auf die dann anstehende Freiheit.
> Günther braucht noch ein Jahr. Er hat mittlerweile gemerkt, dass er sich dann eine sinnvolle Aufgabe suchen muss. Er sorgt sich ein bisschen, wie das wohl werden wird.
> Klaus ist seit vier Monaten pensioniert und genießt es, keinen Druck mehr zu haben.
> Natürlich kann ich mich mit den Jungs freuen, aber mir scheint sich die Zeit bis zu meiner Rente noch gewaltig zu ziehen.
> Ich fühle mich bei der Frage immer etwas zwiegespalten. Einerseits arbeite ich gerne und habe Spaß daran, etwas zu erreichen. Außerdem fühle ich mich noch gar nicht so alt. Andererseits geht mir vieles in der Firma auf die Nerven. Der Druck wird immer größer. Die Stimmung immer schlechter. Und wenn ich Probleme bei der Geschäftsführung anspreche, heißt es lapidar: „Es gibt keine Probleme – nur Herausforderungen. Dafür sind Sie doch Führungskraft."
> Mein Kollege Franz aus der Produktion sagt nur: „So ist es halt. Immerhin zahlen sie gut." Schon erstaunlich, wie er das aushält. Und wo ich mir stundenlang Gedanken mache und manchmal deswegen nachts wach liege, zuckt er nur mit den Achseln und sagt: „Nicht mein Problem, wenn die es nicht geregelt kriegen."
> Nur gut, dass ich mein neues E-Bike habe und wenigstens am Wochenende mal den ganzen Mist vergessen kann, wenn ich damit unterwegs bin. So hangle ich mich von Wochenende zu Wochenende und von Urlaub zu Urlaub.
> Vor ein paar Tagen hat mich mein Chef gelobt. Ich glaube er hat gemerkt, dass ich einfach keine Lust mehr habe und wollte mich damit motivieren.
> Eigentlich bin ich mein Leben lang gerne arbeiten gegangen und brauchte keine Motivation von außen. Und jetzt ist es dafür zu spät.
> Noch 70 Monate minus Urlaub.
> Das macht 62 Monate netto. Solange schaff' ich das auch noch!
> Irgendwie.

Die innere Flucht aus den ungeklärten Widersprüchen und der damit verbundenen Frustration drückt sich je nach persönlicher Situation unterschiedlich aus. Dabei hat selbstverständlich auch die individuelle psychische und körperliche Resilienz großen Einfluss auf die zeitliche Ausdehnung des Prozesses.

Ältere Führungskräfte tendieren dazu, auf die Rente zu warten und irgendwie auszuharren. Die jüngeren streben eher einen Jobwechsel an. Auch wird erwogen, die Führungsrolle abzugeben. Verlässt die Führungskraft aber ihre Position, ist ein Zurückstufen in der Hierarchie häufig mit einem Gesichtsverlust verbunden. Auch dieser kann letztendlich zum Verlassen des Unternehmens führen. Gelegentlich wird der Wechsel innerhalb des Unternehmens, z. B. in eine andere Abteilung, in Erwägung gezogen.

Das Ergebnis bleibt dasselbe: Die Führungskraft verlässt entweder innerlich oder äußerlich die Situation und das Unternehmen muss sie ersetzen.

7.2 Ich bin dann mal weg

Nachdem die Kündigungsphantasien oft genug in Gedanken oder auch mit vertrauten Menschen durchgespielt wurden, folgt nach der inneren Kündigung häufig die explizit ausgesprochene und konsequente Kündigung. Die Führungskraft verlässt das Unternehmen. Auch von den InterviewpartnerInnen dieser Studie sind schon nicht mehr alle in dem Unternehmen, für das sie zum Zeitpunkt des Interviews tätig waren.

Natürlich sind strukturelle oder auch persönliche Schwierigkeiten, die zum Verlassen des Unternehmens geführt haben, oftmals auch in einem neuen Kontext vorhanden. Sie nehmen sich ja selbst mit ihren Wertvorstellungen und persönlichen anderen Themen immer mit. Aber die Aussicht auf ein berufliches Umfeld mit mehr Verständnis, besseren Arbeitsbedingungen, weniger Konflikten und auch weniger systemimmanenten Widersprüchen ist ein starker Antrieb.

Im Coaching erleben wir dann Führungskräfte, die in solchen Situationen aufgegeben haben und sagen:

> ‚Das geht in unserem Unternehmen nicht, ich habe das schon ein paar Mal versucht.'
>
> Was dann in den meisten Fällen dazu führt, dass die irgendwann mal sagen: ‚Das ist nicht das richtige Unternehmen für mich. Weil, ich kann das, was ich hier erkannt habe, oder diesen Zwiespalt, nicht auflösen und bin damit allein gelassen. Also das Unternehmen hilft mir da Null, und das kann es ja irgendwie nicht sein.'

Dem Bestreben zur Flucht, oder positiver formuliert, der Hoffnung auf ein besseres Umfeld, steht das Sicherheitsbedürfnis gegenüber. Die Motivation zum Verbleiben in der bekannten, wenn auch unbefriedigenden, Situation ist u. a. durch den aktuellen Arbeitsmarkt, viel stärker aber noch durch die private Situation beeinflusst, wie folgendes Beispiel deutlich macht:

> *Ich hatte mal jemanden [im Coaching], der hat einen Kompromiss für sich entschieden, als er gesagt hat, er hat eine super gute Position, hat sehr gut verdient, ist gerade Vater geworden. Und dann haben wir das so herausgearbeitet, (…) er will in dem Unternehmen nicht bleiben, hatte aber gleichzeitig natürlich ein großes Bedürfnis der Sicherheit. Er war gerade dabei, sein Haus abzuzahlen. Und da hatten wir einen Wertekonflikt, und wir hatten auch ein starkes Bedürfnis nach mehr Familie.*
>
> *Er hatte aber zehn Mitarbeiter (…) unter sich, und das war für die Firma nicht vereinbar, dass er z. B. auch flexibel arbeitet und, ja, sich das mit der Frau gemeinsam besser einteilen konnte. (…)*
>
> *[Es kam dann so], dass er für sich die Entscheidung getroffen hat: ‚Ich bleibe noch ein Jahr oder eineinhalb Jahre, dann kann ich das Haus und die Familie finanziell absichern und kann mir dann in Ruhe einen Job suchen, wo ich weniger verdiene, aber wo ich danach mehr meine Werte und Bedürfnisse in mein Leben und meinen Alltag integrieren kann.' Schlussendlich ist er gegangen, nach eineinhalb Jahren.*

Leider ist dies kein Einzelfall. Der aktuelle Fachkräftemangel und der dadurch entstandene ArbeitnehmerInnen-Markt machen es stärker denn je notwendig, dass Unternehmen sich um ihre Führungskräfte bemühen.

> **Aus der Sicht der Führungskraft: Irgendwann ist es genug**
>
> Sven 42 Jahre, Teamleiter. Branche: Versicherungen
>
> „Ich schaff das nicht mehr. Und ich will es auch nicht mehr!" Für dieses Eingeständnis habe ich eine ganze Weile gebraucht.
> Aber jetzt fühle ich mich total erleichtert. Wie befreit.
> Ich habe lange mit mir gerungen, besonders, weil ich mein Team nicht im Stich lassen wollte. Zum Schluss musste ich mein Team mit Durchhalteparolen füttern, die ich selbst schon lange nicht mehr geglaubt habe: „Das

wird schon. Wenn die Umstrukturierung erst richtig umgesetzt ist und wir ein paar Aufgaben an die Nachbarabteilung abgegeben haben." Das hat mich fast zerrissen. Ich konnte mir im Spiegel selbst nicht mehr in die Augen schauen.

Natürlich muss ich in einer anderen Firma auch hart für mein Geld arbeiten. Keine Frage, als Führungskraft gehört es auch dazu, Dinge auszuhalten und sich seiner Verantwortung bewusst zu sein. Aber irgendwann ist es genug.

Meiner Chefin habe ich aus Pflichtbewusstsein noch angeboten, dass ich wenigstens noch das Jahr zu Ende mache.

Und dann kam der Hammer. Sie sagte:

„[Mit jemandem], der mit einem Bein schon die Firma verlassen hat, weil er mit dem Ganzen (…) nicht klarkommt, mit dem kann ich keinen Krieg mehr gewinnen. Mit dem werde ich auch nicht erfolgreich unterwegs sein, solange dieser Zustand so ist, dass er innerlich schon halb gekündigt hat."

Natürlich hat sie recht mit dem, was sie sagt. Aber mir war, als hätte man mir das letzte Stück Boden unter den Füßen auch noch weggezogen.

Ich hätte nie gedacht, dass ich so schlagfertig sein kann, aber in diesem Moment hörte ich mich selbst sagen: „Dann löse ich jetzt diesen Zustand auf. Ich kündige sofort – auch äußerlich und ganz."

Sie begegnen Sven noch einmal in Abschn. 8.1.

Der Prozess der Entfremdung folgt leider einem immer wiederkehrenden Schema:

Zu Beginn stehen wiederholte Frustrationserlebnisse durch ungelöste Widersprüche. Diese werden schlecht oder gar nicht bearbeitet. Fehlende Wertschätzung und fehlende Erfolgserlebnisse werden im privaten Bereich kompensiert. Die Kommunikation über die Problematik wird weiter verringert. Motivation und Bindung zum Unternehmen lassen immer stärker nach, und am Ende der Kette steht der Kontaktabbruch, sprich die Kündigung.

Eine scheinbar ausweglose Situation zu verlassen ist nicht zwingend ein Scheitern, sondern kann auch eine bewusste und durchdachte Reaktion sein, um sich selbst und die eigenen Ressourcen sinnvoller zu nutzen.

> **Standortbestimmung**
> - Haben Sie Ihre eigenen mentalen und körperlichen Ressourcen im Blick?

Praxistipp

- Helfen Sie Ihrem Team, indem Sie gerade in unübersichtlichen Situationen kommunizieren.
- Sprechen Sie auch dann, wenn es scheinbar nichts Neues zu berichten gibt.
- Seien Sie wachsam, wenn Ihre MitarbeiterInnen Themen vermeiden bzw. insgesamt deutlich weniger kommunizieren als üblich.
- Bauen Sie frühzeitig Kontakte und vertrauensvolle Beziehungen auf, um ehrliches Feedback zu bekommen.

Komprimierte Studienergebnisse

- 100 % der befragten Coaches berichten, dass systemimmanente Widersprüche, über die nicht gesprochen wird, auf Dauer zu einer passiven Haltung der Führungskraft und zu einem „Dienst nach Vorschrift" führen.
- In der Phase des inneren Rückzugs wird die Kommunikation der Führungskräfte weiter zurückgefahren und unpersönlicher. Anstelle des direkten Gesprächs werden kurze, knappe Mails geschrieben.
- Der inneren Kündigung folgt nach Aussage der befragten Coaches in fast allen Fällen auch die äußere. Ältere Führungskräfte retten sich manchmal bis zur Rente. Jüngere Führungskräfte wechseln selten intern, sondern meist in ein anderes Unternehmen.

Literatur

Gallup, Inc. (2022). *Engagement Index 2021*. Gallup, Inc.
Goethe, von J. W. (1829). *Wilhelm Meisters Wanderjahre. Neuerscheinung 1984*. Insel.

Hays AG. (2021). Langzeitauswertung HR-Report 2011–2021. https://www.hays.de/documents/10192/118775/hays-hr-report-langzeitauswertung-2011-2021.pdf/cc550368-ccdc-25fb-a008-87e8f4092e6c?t=1641836201560. Zugegriffen: 28. Okt. 2022.

Sprenger, R. K. (2012). *Radikal führen*. Campus.

Wolter, U. (2022). „Great Resignation"- Debatte: Gallup-Studie liefert neue Erkenntnisse. In F.A.Z. Business Media GmbH. Personalwirtschaft (09.04.2022). https://www.personalwirtschaft.de/news/recruiting/great-resignation-debatte-gallup-studie-liefert-neue-erkenntnisse-135239/. Zugegriffen: 29. Okt. 2022.

8

Wie Unternehmen helfen (können)

„Ich weiß nicht, ob es besser wird, wenn es anders wird.
Ich weiß nur, dass es anders werden muss,
wenn es besser werden soll."
(Georg Christoph Lichtenberg, o. J.)

Zusammenfassung Unternehmen können einiges dazu beitragen, um Führungskräfte im Spannungsfeld systemimmanenter Widersprüche zu unterstützen. Manche Möglichkeiten werden bereits genutzt. Das Repertoire wird jedoch noch lange nicht ausgeschöpft. Wenn Unternehmen ausreichende Rahmenbedingungen für ein professionelles Führungsverhalten schaffen, verringern sie die Gefahr, dass Führungskräfte das Unternehmen aufgrund systemimmanenter Widersprüche verlassen. Durch Unterstützung wirken Unternehmen der Hilflosigkeit, Unzufriedenheit und damit auch der Fluktuation entgegen.

Wenn wir die Führungskraft und ihr kommunikatives Verhalten im systemimmanenten Widerspruch betrachten, dürfen wir nicht außer Acht lassen: Unternehmen können einiges dazu beitragen, um Führungskräfte im Spannungsfeld solcher Widersprüche zu unterstützen.

8.1 Eine Bestandsaufnahme

Das System, das die Widersprüche erzeugt, gibt wenig Hilfen an die Hand, wie mit diesen umzugehen ist – so die Studienergebnisse. Dennoch berichten einige befragte Führungskräfte und Coaches auch von hilfreichen Unterstützungsleistungen durch Unternehmen. Wir wollen mit Ihnen die Wahrnehmung der Befragten etwas genauer betrachten und der Frage nachgehen, was Unternehmen tun können, um Führungskräfte im Umgang mit systemimmanenten Widersprüchen zu stärken.

Die befragten Führungskräfte erwarten von Unternehmensseite deutliche Stellungnahmen und Klarheit in der Kommunikation sowie Richtlinien zur Handhabung unvereinbarer Situationen. Stattdessen erleben sie eine Kommunikation, die unklar bleibt und sich herauswindet. In manchen Unternehmen gibt es jedoch Richtlinien für den ein oder anderen Widerspruch. So kann z. B. für den Widerspruch Selbstorientierung vs. Gruppenorientierung gelten, dass die interne Zusammenarbeit vor der mit externen PartnerInnen geht. Wenn die Zusammenarbeit innerhalb einer Niederlassung nicht möglich ist, gilt es, andere Standorte des Unternehmens einzubeziehen. Erst, wenn auch dies nicht leistbar ist, soll auf externe PartnerInnen zugegangen werden. Eine einfache und klare Prioritätenliste. So scheint es.

Aber vermeintliche Klarheiten schaffen manchmal neue Widersprüche. Wenn in Folge einer solchen Prioritätenliste Entscheidungsspielräume der Führungskraft begrenzt und unternehmerische Handlungsoptionen nur noch eingeschränkt zur Zielerreichung genutzt werden können, liegt der nächste Widerspruch (Selbstbestimmung vs. Fremdbestimmung) auf dem Tisch.

Führungskräfte wollen sich durchaus an vorgegebene Regelwerke halten, da sie Erleichterung im systemimmanenten Widerspruch versprechen. Zudem schaffen Unternehmen Anreizsysteme, die zur Einhaltung motivieren. Gleichsam müssen sich Führungskräfte an ausdifferenzierte Regelwerke halten, häufig allein schon deshalb, weil Sanktionen drohen, wenn sie es nicht tun. Dabei sind Vorgesetzte in der Pflicht, auf Regeleinhaltungen zu achten und Regelverstöße zu ahnden. Was eine eher lästige Aufgabe darstellt.

Es sollte dabei nicht vergessen werden: Widersprüche lassen sich nicht durch Priorisierungen und Regelwerke dauerhaft auflösen. Jedes Regelwerk bedarf daher der wiederkehrenden Überprüfung und ggf. einer Anpassung. Auch wenn Regelwerke unzureichende Lösungsstrategien darstellen, geben Unternehmen mit eindeutigen Richtlinien zumindest eine erste Hilfestellung zum Umgang mit systemimmanenten Widersprüchen und zeigen damit ein Problembewusstsein. Es ist Unternehmen daher zu raten, im Widerspruch Hilfestellungen durch Priorisierungen und einheitliche Richtlinien zu schaffen. Es sollte dabei jedoch bedacht werden, dass Richtlinien lediglich der Orientierung dienen sollten. Zu detaillierte Vorgaben hingegen schränken die Führungskraft in ihrer Rolle ein und verlagern damit deren Unzufriedenheit lediglich auf ein anderes Feld.

Die InterviewpartnerInnen erleben in hierarchisch strukturierten Unternehmen selten eine Thematisierung von Widersprüchen. In Unternehmen mit kooperativer Führung fällt es hingegen leichter, Widersprüchlichkeiten anzusprechen. Weniger hierarchisch ausgerichtete Unternehmen verfügen meist über kooperative Kommunikationsformen, bilden interdisziplinäre Teams und sorgen für Kommunikationsschleifen, sodass Themen immer wieder in den Dialog genommen werden können.

Eine Überlegung zum Umgang mit systemimmanenten Widersprüchen, die sich daher aus der Studie ergibt, ist das Aufbrechen der Hierarchieebenen. Dieses birgt allerdings die Gefahr des Verlustes von Positionen, Status und den damit verbundenen Privilegien, gerade für das Top-Management. Zudem ergibt sich ein erhöhter Kommunikationsbedarf mit verstärktem Koordinationsaufwand, wenn hierarchisch vorgegebene Kommunikations- und Informationswege wegfallen.

Häufig wird von den Befragten berichtet, dass Widersprüche erst kommuniziert werden, wenn sie sich für die Führungskraft als Belastung darstellen. Meist ist dann das Symptom des Widerspruchs Thema im Gespräch, seltener der systemimmanente Widerspruch als solcher. Nicht immer stößt die Führungskraft dabei auf offene Ohren, sondern erlebt, dass Vorgesetzte das Thema übergehen. Gründe dafür sind u. a. Unsicherheiten der Vorgesetzten im Umgang mit Widersprüchen, aber auch mangelnde kommunikative Fähigkeiten.

Einem Großteil der befragten Führungskräfte fehlen Hilfestellungen, um Lösungswege im Umgang mit Widersprüchen zu finden. Insbesondere der/die Vorgesetzte nimmt bei der Lösungssuche einen hohen Stellenwert ein. Erfüllt diese/r die Bedingungen, die Führungskräfte an eine gelingende Kommunikation stellen (wie z. B. Vertrauen, Fehlerkultur, offene Kommunikation, Zuhören usw., vgl. Kap. 4), wenden sich diese auch im Widerspruch eher an die/den Vorgesetzte/n. Nicht immer ist gewährleistet, dass die Kommunikation eine Lösung liefert. Der Grundstein, gemeinsam danach zu suchen, ist aber gelegt. Daher ist es sinnvoll, eine entsprechende Unternehmenskultur zu fördern, die es erleichtert, systemimmanente Widersprüche in den Dialog zu bringen und gemeinsam nach Lösungen im Sinne des Unternehmens zu suchen.

Fast alle Führungskräfte benötigen gerade zu Beginn ihrer Führungsverantwortung das Gefühl der Sicherheit und Rückendeckung durch die Vorgesetzten, denn sie haben die Rolle „Führung" nicht gelernt. Erschwerend kommt hinzu, dass im Widerspruch häufig offenbleibt, welche Erwartungen an die Rolle gestellt werden. Aber auch mit größerer Führungserfahrung gestalten viele der befragten Führungskräfte ihre Rolle nicht nur mit, sondern definieren sie (gezwungenermaßen) komplett selbst.

Unternehmen können dazu beitragen, die erlebte Unsicherheit der Führungskräfte im Widerspruch zu verringern, indem sie schon bei der Personalauswahl stärker auf Führungspotenziale als auf Fachkompetenzen achten und auf dem Weg in die Führungsrolle begleitend zur Seite stehen.

Schulungen spielen dabei für die Befragten eine wesentliche Rolle. Unternehmen bieten zu zahlreichen Themen Schulungen an, wie z. B. zu Kommunikation, Führung und Motivation.

Die InterviewpartnerInnen in der Gruppe der Coaches hinterfragen Schulungen kritisch im Hinblick auf ihre Wirksamkeit, denn nicht immer liefern sie aus deren Sicht den erwünschten Mehrwert. Teilweise fehle der notwendige Alltagsbezug für die Führungskraft.

Aus- und Weiterbildungsangebote berücksichtigen im besten Fall nicht nur individuelles Lernen, auch Single-Loop-Learning (Einschleifen-Lernen) genannt (vgl. Senge, 1990), bei dem Handlungsstrategien erlernt bzw. angepasst werden. Bei diesem Anpassungslernen werden Störungen auf dem Weg zur Zielerreichung erkannt und Maßnahmen zur Behebung entwickelt. Hierbei lernt das Individuum für sich selbst, wie es sein Verhalten an veränderte Bedingungen anpasst. Einschleifen-Lernen eignet sich vor allem für fachbezogenes Lernen, bei dem eigene Kenntnisse verbessert werden sollen. Im Blick auf systemimmanente Widersprüche ist ein Single-Loop-Learning für die Führungskraft nur bedingt wirksam.

Der Mensch ist Ursprung für Veränderungen und verändert durch individuelles Lernen auch die Organisation (Senge, 1990). Soweit die Theorie. Die Erfahrung der Coaches zeigt jedoch, dass die Beschränkung auf das individuelle Lernen zu Frustrationen führt. Führungskräfte kommen motiviert aus Trainings, können ihre daraus gewonnenen Ideen aber im Alltag nicht umsetzen, weil der organisationale Kontext dies nicht zulässt. Das Unternehmen, in das sie zurückkehren, ist nämlich unverändert geblieben.

Kompetenzentwicklung setzt auf den Ebenen Individuum, Gruppe, Rolle und Organisation gleichermaßen an. Daher sind Rahmenbedingungen innerhalb der Organisationsstruktur und -kultur erforderlich, die Lernen fördern (vgl. Argyris & Schön, 2008). Organisationskultur, organisationales Lernen und alltägliches Handeln stehen in Zusammenhang und beeinflussen sich gegenseitig. Einen solchen Lernprozess, der zugunsten der Organisation stattfindet und damit die Tiefenstruktur der Organisation berücksichtigt, beschreiben Agyris und Schön (2008) als „Double-Loop-Learning". Bezieht

Lernen den organisationalen Kontext sowie die Reflexion zugrunde liegender Werte mit ein, gewährleisten Unternehmen damit auch ihre Anpassungsfähigkeit an die Umwelt und sichern sich einen Wettbewerbsvorteil. Gerade im Themenfeld des systemimmanenten Widerspruchs ist Double-Loop-Learning erforderlich. Hierzu benötigt es den Willen des Unternehmens, sich nicht nur auf das Einschleifen-Lernen der Führungskraft beschränken zu wollen.

Die befragten Führungskräfte schätzen die in ihren Unternehmen angebotenen Fortbildungen. Einzelne weisen explizit darauf hin, dass die Wirkung vielleicht nicht immer sofort deutlich ist, im Nachgang (teilweise nach Monaten) aber manche Erkenntnis oder Verhaltensänderung doch auf eine Fortbildung zurückzuführen ist. Führungskräfte können in der Regel auf die Auswahl inhaltlicher Schwerpunkte von Schulungen Einfluss nehmen. Einzelnen Führungskräften fällt dies jedoch schwer. Sie werfen die Frage auf: „Wie soll ich sagen, was ich brauche, wenn ich nicht weiß, was mir fehlt?"

Schulungen, in denen explizit systemimmanente Widersprüche und deren Handhabung thematisiert werden, haben die Befragten noch nicht erlebt. Dabei stellen Widersprüche oft ein existenzielles Problemfeld im Alltag der Führungskraft dar. Wenn Fort- und Weiterbildungen sich an realen Alltagsthemen und -problemen ausrichten sollen, dann ist es eine folgerichtige Überlegung, auch den systemimmanenten Widerspruch mit in den Themenkatalog der Fort- und Weiterbildungen aufzunehmen. Dabei kann auch vorhandenes Erfahrungs- und Expertenwissen genutzt werden, d. h. Führungskräfte, die für sich eine Lösung im Umgang mit Unvereinbarem gefunden haben, können diese in den Dialog mit KollegInnen einbringen.

Führungskräfte schätzen die Kommunikation unter KollegInnen besonders. Dabei geht es jedoch nicht nur um den informellen Austausch, sondern um die organisierte Form der kollegialen Supervision, die von externen TrainerInnen begleitet und moderiert wird. Sie ist ein Mittel, sich auf gleicher Ebene über Problemsituationen des beruflichen Alltags austauschen zu können und Lösungswege zu erarbeiten. In dieser Begegnung mit KollegInnen kann in der Regel offen gesprochen werden. Die TrainerInnen stellen sicher, dass Themen fokussiert bearbeitet werden.

Austauschformate in Unternehmen können vielseitig als Kommunikationsplattform genutzt werden und dienen zudem dem Ausbau der informellen Netzwerke. So kann ein/e GeschäftsführerIn sich z. B. selbst für einen Themenblock mit seinem/ihrem Wissen zur Verfügung stellen. Des Weiteren wird wohl kaum ein Unternehmen von sich behaupten können, dass der Informationsfluss einwandfrei funktioniert. Meist kommt auf unteren Hierarchieebenen nur noch ein Bruchteil dessen an, was oben „in den Trichter" gesprochen wurde. Die beschriebenen Austauschformate bieten daher eine gute Gelegenheit, Informationen weiterzugeben und Neuerungen schnell und zielführend voranzutreiben.

Wesentlich im Umgang mit systemimmanenten Widersprüchen ist, sie besprechbar zu machen. Hierbei sollten sich höhere Hierarchieebenen nicht aus der Pflicht nehmen. Systemimmanente Widersprüche fordern das Top-Management heraus, Unvereinbares aktiv als Chance für Unternehmen zu nutzen, flexibel und überlebensfähig zu bleiben. Auf diesem Weg gilt es, Führungskräfte einzubeziehen und mitzunehmen.

> **Standortbestimmung**
> - Welche Unterstützungsmaßnahmen des Unternehmens helfen Ihnen im systemimmanenten Widerspruch?
> - Welche zusätzlichen Unterstützungsmaßnahmen wünschen Sie sich?

Es bleibt festzuhalten, dass bereits einiges zur Unterstützung der Führungskraft getan wird. Aber die Studienergebnisse zeigen: Das reicht noch lange nicht aus.

Wir wollen an dieser Stelle nochmals **Julia und Sven** zu Wort kommen lassen. Julia hat eine Lösung im Widerspruch gefunden, diese mit ihrem Vorgesetzten in den Dialog gebracht und sich abgesichert. Sven hat sich mehr und mehr zurückgezogen und am Ende das Unternehmen verlassen. Die beiden werfen mit uns einen Blick auf die Unterstützungsmaßnahmen von Unternehmen. In einem fiktiven Interview bündeln sie tatsächliche Aussagen der befragten Führungskräfte und Coaches zu diesem Thema.

Aus der Sicht der Führungskraft: Da ist noch Luft nach oben

Wie werden systemimmanente Widersprüche im Unternehmen thematisiert?

Julia: *Naja. Sofern sie (…) klar sind, schon. Aber meistens sind die gar nicht klar. Manchmal werden sie auch weggewischt, wenn sie dann aufkommen. In den Systemen, die halt offen sind für Coaching oder die offen sind für ein gemeinsames Draufschauen, da können die auch thematisiert werden. Aber in den eher klassischen Systemen finde ich es echt schwierig, weil die ja das System infrage stellen und, weil die dann vielleicht auch [die] Machtposition [der] Vorgesetzten untergraben, ein Stück weit. Und die [Widersprüche] (…) dürfen nicht erwähnt werden, sozusagen (…). Aber das ist, wie gesagt, vom System abhängig. Es gibt Systeme, die ja auch dazu aufrufen, genau solche Dinge anzusprechen und wo es sogar eine Pflicht gibt, die anzusprechen, damit es besser werden kann und man sich darüber unterhalten kann, wie man es besser machen kann.*

Wie hast du das erlebt, Sven? Wie wurden solche Widersprüche im Unternehmen aus deiner Sicht angesprochen?

Sven: *Eigentlich gar nicht.*
Die werden im Unternehmen nicht thematisiert.

Sie werden gar nicht thematisiert?

Sven: *Nein. Weißt du auch warum nicht? Weil, sonst müsste man ja erkennen, dass da was schiefläuft. Das müsste man ja möglicherweise zugeben (…). Never explain never complain, so, wie die Queen das so handhabt[e].*

Julia: *Die Unternehmen versuchen da ja, Antworten darauf zu geben. Das ist ja nicht so, dass Unternehmen da immer wegschauen.*

In welchem Rahmen werden Widersprüche denn angesprochen?

Sven: *[Wenn, dann] an der Kaffeemaschine. (…) Meistens auch dann nur auf der einen Ebene. Also selten mit der Führungsebene oben drüber und auch relativ selten mit den Mitarbeitenden untendrunter. Es sei denn, die fragen konkret nach. (…) Aber ansonsten, proaktiv habe ich es noch nie erlebt, dass es thematisiert wird.*

Julia: *Also, wenn es eine Kultur gibt, dass man das ansprechen kann, wenn es eine Kultur gibt, dass meine Meinung da zählt und gehört wird, dass das ernstgenommen wird, wenn ich etwas sage, dann können diese Widersprüche ja ein guter Fingerzeig dafür sein, wie Prozesse umgebaut werden müssten. Wie müssten wir anders miteinander umgehen? Irgendwie so.*

Dann kann ich an diesen Widersprüchen lernen, weil ich merke, da funktioniert was noch nicht miteinander. Und das darf dann beredet werden und da darf dann mit Lösungen experimentiert werden.

Welche Rolle spielen Fortbildungen im Umgang mit systemimmanenten Widersprüchen?

Sven: *Gegebenenfalls gibt es mal eine Schulung zu irgendeinem Führungsthema. Kommst du positiv und voller Energie zurück, frustet dich der Alltag, weil du feststellst: Das System hat sich ja nicht verändert und du läufst eigentlich nur noch mehr gegen eine Wand, weil dir das Problem jetzt bewusst ist. Manche gehen dann irgendwann.*

Julia: *Ich glaube, für die Weiterbildung wird sehr viel getan, zumindest ist das so mein Eindruck. Da versucht man viel möglich zu machen. Es kommt (...) halt auch sehr viel von unserem Geschäftsführer. Dass er sehr viel aufgegriffen und ernst genommen hat, wo es die Probleme gibt. Also, da kann man wirklich hier [im Unternehmen] nichts sagen. Wir werden hier weitergebildet und halt unterstützt. Auf Themenwünsche wird eigentlich eingegangen, auch wenn sie manchmal ein bisschen teurer waren. Ansonsten bietet das Unternehmen ja genug Weiterbildungen an, wenn man das noch braucht oder möchte. Egal ob es Führungsverhalten angeht, Kommunikation, man hat da ja wirklich alle Möglichkeiten bei uns im Unternehmen.*

In welcher Form findet in Schulungen auch ein Austausch zum Thema der systemimmanenten Widersprüche unter den KollegInnen statt?

Julia: *Ja, also ich glaube schon, dass die Führungskräfte in den [internen Fortbildungen auf gleicher Hierarchieebene] die Möglichkeit haben, solche Sachen auszutauschen und da auch eine Ebene haben, um mit Gleichgesinnten zu sprechen, die die gleichen Probleme haben.*

Das Geschäft ist halt sehr schnelllebig und unser Alltag ist hektisch. Ich denke mal, das Informieren und das Instrument der [kollegialen Beratung] sollte man öfter nutzen. Denn die [KollegInnen] stecken in der gleichen Situation und man tauscht sich einfach aus. Das hilft auf jeden Fall.

Sven: *Manchmal würde ich mir sogar mehr Führung von oben erwarten. Also, nicht, dass ich mich jetzt beschwere, dass ich zu viel Freiraum [hatte]. Das [war] schon in Ordnung. Aber bestimmte Dinge müssten von oben eher bestimmt werden.*

Da wäre eine Unterstützung von der höheren Hierarchieebene aus deiner Sicht hilfreich?

Sven: Ja, die entzieht sich. Die Dienstleistung ‚Führung' wird verweigert. Und je weiter man in der Hierarchie nach unten kommt, desto weniger Informationen kommen an. Da gibt es einen tollen Ausspruch bei uns: ‚Dann musst du es einfordern'. Nur, wenn ich nicht weiß, was es gibt, was ich einfordern kann, bin ich natürlich ganz weit hinten (…). Es gibt ja keinen Katalog: Das und das gibt es [im Unternehmen]. Dann kann ich den durchblättern und dann kann ich sagen: ‚Das will ich haben, das will ich haben, das will ich haben'. Wie so eine Speisekarte.
Bei manchen hilft der Vorgesetzte, bei anderen nicht, die sind dann auf sich gestellt oder suchen Hilfe bei Kollegen.

Was hilft dir, Julia, sonst noch im Umgang mit gegensätzlichen Anforderungen?

Julia: [Mir hilft], dass wir regelmäßige Mitarbeiterversammlungen haben, in denen der Vorstand und die Geschäftsleitung uns immer wieder abholen und [Informationen weitergeben]. Also, die holen uns wirklich ab und verwenden viel Arbeitszeit, um die Leute zu begeistern und zu informieren.
(…), aber ich glaube auch, dass das die Punkte sind die [Unternehmensname] auch ausmachen: Ein offenes, kommunikatives Unternehmen, mit flachen Hierarchien (…). Das kollegiale Miteinander einfach, dass es da keine große Diskrepanz zwischen [den Hierarchieebenen] gibt. Man kann einfach sehr gut miteinander. Es kommt immer [darauf an]: In welchem System bin ich da? Und ich erlebe große Unterschiede zu diesem klassisch hierarchischen [System]. Dass dort Leute sind, die echt Schwierigkeiten haben, weil jetzt die jüngere Generation nachwächst, die (…) viel mehr an Kommunikation und Austausch haben will.
(…), wenn die Probleme jetzt komplexer werden, [sich] auf einmal auf neue Problemlösungen einzulassen, das ist für viele, glaube ich, echt schwer.

Inwiefern ist Kommunikation für euch ein Thema im systemimmanenten Widerspruch?

Julia: Ich halte von einem offenen Gespräch eigentlich das allermeiste.

Sven: *Offene Kommunikation, Vertrauen, Wertschätzung. Von allen Seiten, nicht bloß vom Vorgesetzten. Die Mitarbeiter vergessen immer, dass der Vorgesetzte auch ein Mensch ist. Die erwarten zwar vom Vorgesetzten Wertschätzung, Respekt, Sichtbarkeit, Big Picture aufzeigen, Coach sein, Sparringspartner, was auch immer. Aber die meisten vergessen, dass dieser Mensch auch ein Mensch ist. Also die Kommunikation ist, denke ich, das A und O.*

Wer nicht kommuniziert, kann kein Vertrauen aufbauen, kann keine Verantwortung übernehmen. Weil, woher weiß ich denn, dass jemand eine Verantwortung für irgendwas übernimmt, wenn der mir das nicht sagt? Wenn ich es mitkriege ist gut, rein zufällig, wenn nicht, merke ich es gar nicht. Und zwar von allen Seiten. Von oben, von unten, von der Seite, einfach dieses Kommunizieren, wirklich viel kommunizieren.

Welches kommunikative Verhalten hat euch in für euch schwierigen Situationen am ehesten geholfen?

Sven: *Ich bin häufig zu defensiv. Ich versuche, Auseinandersetzungen die Härte zu nehmen, indem ich sozial erwünscht antworte. Das heißt, ich versuche (...) eine Brücke zu bauen. Die richtig Standfesten, die die Konfrontation suchen und sich richtig keilen wollen, werden dann aber auch [von den Vorgesetzten] fallengelassen (...).*
Ich [habe] dann nachher aber die Diskussion mit meinen Peers, die dann sagen: ‚Wie konntest du das machen? Wie konntest du so freundlich sein?' Ich sehe das als richtig und wichtig, dass man sich nachher noch in die Augen schauen kann.
Ich möchte harte Gespräche auf einen Pfad zurückführen, dass man wenigstens noch (...) einigermaßen miteinander klarkommt. Und das ist manchmal nicht ganz lauter. (...) Das ärgert mich nachher [auf dem Heimweg], wo ich das dann durchkaue. (...) Aber die Momente, in denen ich nachts wachliege und darüber nachdenke oder am nächsten Morgen Sachen klarstelle, die werden immer weniger. (...) Ich bin damit aber nicht zufrieden. Ich habe ein anderes Ethik- und Moralgefüge.

Wenn ihr einer anderen Führungskraft einen Rat für ihr kommunikatives Verhalten in widersprüchlichen Situationen geben könntest, welcher wäre das?

Julia: *Kommunikation, also wirklich ganz viel Kommunikation.*
Man muss miteinander sprechen. Dasselbe, wie beim Ehepaar auch. (...), dass man das Zusammenwirken immer kooperativer und dialogischer gestaltet.
Gut zuhören (...).
Setz dich mit dem Begriff ‚Perspektivenübernahme' auseinander.

> *Transparenz schaffen. Was ist das überhaupt für ein Widerspruch? Den Widerspruch identifizieren, bewerten. Wie stehe ich dazu? Und daraus entscheiden, wie ich mit dem Widerspruch umgehe.*
> *Klären. Also den Widerspruch klären, ja, das wäre mein Rat. Vielleicht ist es ja gar nicht bewusst. (…) Vielleicht ist dem Vorgesetzten auch gar nicht klar, was er da eigentlich anrichtet und, dass die Person sich da so alleine gelassen fühlt. So nach dem Motto: Vertrau dich ihr mal an und versuch' mal die Dinge, die du einforderst, auch nochmal mit Nachdruck einzufordern.*
> *Die Dinge offen anzusprechen, kann ich nur immer wieder sagen. Sich nicht da irgendwelche Sachen zurechtlegen oder irgendwie das unter den Tisch kehren.*
> *Einfach die Dinge offen anzusprechen, und mehr kann ich da eigentlich nicht an Ratschlägen geben.*
>
> Sven: Such dir Hilfe.
>
> **Vielen Dank für eure Bereitschaft zum Gespräch.**

Gerade in Zeiten, in denen Headhunter sehr offensiv und mit großer Beharrlichkeit ans Werk gehen und Führungskräfte mit durchaus verlockenden Angeboten abwerben, sollten unbearbeitete systemimmanente Widersprüche als Anlass für einen Wechsel erkannt werden. Es wird zunehmend bedeutsam, die Rahmenbedingungen im Unternehmen so zu gestalten, dass Führungskräfte sich am richtigen Platz fühlen und nicht zum Wettbewerb wechseln. Die Bearbeitung systemimmanenter Widersprüche trägt hierzu bei.

Neben den genannten Aspekten der Unterstützung durch z. B. Schulungen, Vorgesetzte und kollegiale Supervision haben Führungskräfte auch schon Erfahrungen mit Coaching als Unterstützungsmaßnahme gemacht. Dazu mehr in Abschn. 8.2.

Praxistipp
Sollten Sie, liebe/r LeserIn selbst Führungskraft sein, dann lesen Sie die Praxistipps bitte unter der Prämisse, dass sie nur eingeschränkt von Ihnen allein durchgesetzt werden können und sich u. a. an die Geschäftsführung richten. Nur im Miteinander gelingt Veränderung im Widerspruch.

- Schaffen Sie im Widerspruch Hilfestellungen durch Priorisierungen und einheitliche Richtlinien. Bedenken Sie dabei, dass aufgestellte Regeln nur der Orientierung dienen sollen, Einschränkungen für die/den Einzelne/n aber so gering wie möglich bleiben.
- Brechen Sie Hierarchieebenen auf, wo immer das möglich ist, und schaffen Sie kooperative und dialogisch ausgerichtete Strukturen.
- Schaffen Sie die Bedingungen für eine gelingende Kommunikation (Kap. 4), und gehen sie bei systemimmanenten Widersprüchen in den Dialog, um gemeinsam nach Lösungen zu suchen.
- Achten Sie bei der Auswahl Ihrer Führungskräfte stärker auf Führungspotenziale als auf Fachkenntnisse und begleiten Sie Ihre Führungskräfte auf dem Weg in die Führungsrolle.
- Nehmen Sie systemimmanente Widersprüche mit in den Themenkatalog der Fortbildungen auf. Nutzen Sie dabei vorhandenes Erfahrungs- und Expertenwissen unter den Führungskräften zum Umgang mit diesem Thema.
- Geben Sie in regelmäßigen Austauschformaten innerhalb einer Hierarchieebene Informationen gezielt weiter. Bringen Sie systemimmanente Widersprüche in diesen Formaten in die kollegiale Supervision.

Komprimierte Studienergebnisse

- Bis auf wenige Ausnahmen fehlen den befragten Führungskräften Hilfestellungen, Lösungswege im Umgang mit Widersprüchen zu finden.
- Ein Großteil der befragten Führungskräfte fordert von Unternehmensseite deutliche Stellungnahmen und Klarheit in der Kommunikation sowie Richtlinien zur Handhabung unvereinbarer Situationen.
- Die Interviewgruppe der Coaches erlebt, dass Führungskräfte im systemimmanenten Widerspruch durch Unternehmen punktuell unterstützt werden. Vorwiegend sind hierbei Schulungen benannt.
- Kommunikation gilt bei allen Befragten als Grundlage für einen adäquaten Umgang mit systemimmanenten Widersprüchen.

8.2 Coaching als wirksame Methode

Führungskräfte wünschen sich von ihren ArbeitgeberInnen Unterstützung im Umgang mit systemimmanenten Widersprüchen. Eine Form dieser Unterstützung ist das Coaching.

In unserer Autorenvorstellung sehen Sie, dass wir seit 2010 als Coaches und TrainerIn tätig sind. Insofern können und wollen wir es uns nicht nehmen lassen, ein Plädoyer für das Coaching in Unternehmen zu halten und diesem Thema ein eigenes Unterkapitel zu widmen.

Wir greifen die Aspekte aus der Studie zum Umgang mit systemimmanenten Widersprüchen auf und verdeutlichen den Mehrwert, der sich für Führungskräfte und Unternehmen ergibt.

Da Coaching und Coach keine geschützten Begriffe sind, ist es zu Beginn notwendig, kurz zu erklären, was wir unter Coaching verstehen.

„Im Coaching stärken wir eigenverantwortliches Handeln zur Bewältigung unternehmerischer Herausforderungen. Als externe Coaches sind wir nicht Teil Ihres Systems. Damit bieten wir Ihnen die Möglichkeit, Ihre Situation und systembedingte Zusammenhänge aus einem anderen Blickwinkel wahrzunehmen" (Blauth-Schweppe, 2022).

Coaching stellt in vielen Unternehmen ein anerkanntes Werkzeug der systematischen Personalentwicklung dar.

Im Coaching soll die Führungskraft (Coachee) unterstützt werden, eigene Wege zur Lösung zu finden. Es erfolgt sozusagen Hilfe zur Selbsthilfe. Primär steht „der berufliche Handlungserfolg des Klienten durch die Entwicklung seiner Fähigkeiten (Skills Coaching), Leistungen (Performance Coaching) und seiner Person als Ganzes (Development Coaching) auf der Agenda (…). Um dies zu erreichen, werden Lern-, Reflexions- und Persönlichkeitsprozesse angestoßen" (Roth & Ryba, 2019, S. 29).

In der Praxis ist die Trennschärfe zwischen beruflichen und privaten Themen sowie zwischen der eigenen Lösungsfindung und dem Wunsch nach konkretem Rat nicht immer einfach.

Unternehmen, in denen Coaches eingesetzt werden, fördern ihre Führungskräfte in ihrer Selbstreflexion sowie der persönlichen und beruflichen Weiterentwicklung. Führungskräfte können ihre Nöte und Sorgen bei dem Coach als einer neutralen Stelle lösungsorientiert bearbeiten. Coaches regen Führungskräfte, Abteilungen und ganze Unternehmen dazu an, Verhalten, Prozesse sowie eingefahrene Werte und die Unternehmenskultur zu überdenken.

Unternehmensexterne Coaches bieten den Vorteil der Unabhängigkeit, was ein Arbeiten auf Augenhöhe ohne Abhängigkeiten von Weisungsbefugnissen oder Hierarchien ermöglicht. Sie arbeiten mit dem Blick von außen, ohne die unternehmensinternen „Scheuklappen" und ohne Angst vor Tabus.

> *Wenn es eine große Stärke des Coaches gibt, dann ist es, dass er nicht in der Hierarchie steht. Dafür werden sie ja als Coach bezahlt, dass sie von außen kommen und insofern auch ein freieres Verhältnis zu den Regeln, Regularien und vor allem aber auch zu den Regelverletzungen und den Konflikten haben. Wenn sie das als Coach immer umschiffen [das anzusprechen] und versuchen, immer nur im Mainstream zu segeln, dann können sie da auch nicht wirklich nützlich sein.*

Die befragten Führungskräfte haben im Unternehmen wenige AnsprechpartnerInnen, die sie für ein adäquates Gegenüber halten. Das bringt eine Führungskraft wie folgt auf den Punkt:

> *Ich habe wenig Sparringspartner [im Unternehmen], die ich akzeptiere.*

Führungskräfte nutzen daher gerne einen externen Coach als GesprächspartnerIn.

Der besondere Mehrwert von Coaching in der Thematik des systemimmanenten Widerspruchs liegt darin, dass die drei großen Einflussfaktoren Mensch, Rolle und System (Kap. 3) im Coaching beachtet werden. Der Coach versteht sich als Sparringspartner und ermöglicht dem Coachee, sich zu reflektieren, auf das Wesentliche zu fokussieren und seine kommunikative Kompetenz zu erweitern. Er macht ein reflektiertes „in Worte fassen" möglich. Dieses ist die Grundlage zur Bearbeitung systemimmanenter Widersprüche.

Der Mensch steht im individuellen Coaching per se im Zentrum der Betrachtung.

Eine/r der befragten Coaches beschreibt die eigene Art, zu arbeiten, wie folgt:

Bei mir haben [die Coachees] meistens schon irgendwelche Führungskräfteausbildungen. Aber irgendwie (…) können sie dann doch, was sie dort gelernt haben, nicht umsetzen. Weil die eigene Reflexion dann vielleicht manchmal auch fehlt. Und ich gehe halt eher auf die persönliche Ebene, auf die Verhaltensebene: Was macht das mit mir als Person? Was steckt dahinter? Warum mache ich das nicht? Warum triggert mich der Mitarbeiter? (…) Aber zuerst kommt es mir vor, ist es immer leichter, wenn sie sich selbst besser verstehen und besser in den eigenen Selbstreflexionsprozess gehen (…).

Die Führungskraft wird im Coaching sowohl in ihrer Person als auch in ihrer Funktion wahrgenommen. Damit ist auch der zweite Aspekt, die Rolle der Führungskraft, im Blick.

Die Rollenklärung ist ein klassisches Thema im Coaching. Insbesondere im systemimmanenten Widerspruch steht die Rolle der Führungskraft auf der Coaching-Agenda ganz oben, da sie selten eindeutig definiert ist (Abschn. 3.2).

Das ist ja ein Ziel des Coachings, eine Bewusstheit über meine Rolle, über meine Aufgaben, Verantwortungsbereiche und sowas zu entwickeln. Und das auch in Abgleich zu bringen mit dem, was eigentlich im Unternehmen von mir erwartet wird, als auch, was denn mein eigenes Verständnis von dieser Rolle ist.

Kommen wir zum dritten Einflussbereich. Die Berücksichtigung des Systems, in welchem sich die Führungskraft bewegt, gehört im professionellen Coaching schon lange zum Standard. Dahinter steht die Erkenntnis, dass sich Verhaltensveränderungen eines Menschen immer auch auf sein Umfeld auswirken und umgekehrt. Aber Beharrungstendenzen im bislang praktizierten Verhalten sind sowohl bei einzelnen Personen als auch in Strukturen von Unternehmen sehr hoch. Selbst individuelle Lernprozesse werden häufig „dadurch erschwert, dass viele Menschen kaum in der Lage sind, eingefahrene Gewohnheiten und stabile Denk- und Handlungsmuster zu verändern" (Kriz & Nöbauer, 2002, S. 68).

8 Wie Unternehmen helfen (können)

Die Gewohnheiten des operativen Geschäftes müssen angegriffen werden, um einen Millimeter Veränderung hinzubekommen. Das ist ja das größte Problem in den Change-Management-Prozessen. Da hast du sicherlich auch genug Erfahrung, was in Unternehmen los ist, wenn du nur Verhaltensweisen leicht justieren möchtest. Und dabei ist der Mensch noch nicht mal in der Lage, die Zahnpastatube von links nach rechts zu legen und das mal ein Jahr durchzuhalten, wenn er es zwanzig Jahre anders gemacht hat.

Die entscheidende Frage im Angebot von Coaching im beruflichen Kontext ist, an welchem Punkt sich Coachinginteraktion und Organisation berühren. Um das unternehmerische Selbstbild mit seinen gewohnten Mechanismen zu hinterfragen und Strukturen so zu verändern, dass neue Handlungskompetenzen ermöglicht werden, sollten Unternehmen sich als lernende Organisation verstehen. Das bedeutet, nicht nur Führungskräfte zum Lernen zu motivieren, sondern auch an den (Kommunikations-)Strukturen und Gewohnheiten des Unternehmens zu arbeiten.

Wenn das systemische Umfeld Veränderungen verweigert oder behindert, findet die Führungskraft im Coaching wenigstens eine Stütze in der Bearbeitung von Unsicherheit. Dass systemimmanente Widersprüche Unsicherheiten auslösen, haben wir zur Genüge aufgezeigt.

Auf die Frage, bei welchen Themen Coaching am ehesten in Anspruch genommen wird, antwortet eine/einer der befragten Coaches:

Also am ehesten, wenn es um generell schwierige Situationen für die Führungskraft im Sinne von Entscheidungen geht. Wie entscheide ich in welcher Situation? Wie kommuniziere ich? Also das Thema Kommunikation auch dabei und bei Veränderungen. Sehr stark, wenn es um Veränderungen geht, die entweder von innen oder von außen angetriggert werden, also nach dem Motto: ‚Ich finde mich da jetzt nicht zurecht oder bin mir unsicher.'

Häufig auch im Mittelmanagement, diese Spannungsfelder zwischen Druck von oben, Druck von unten, es wird was von mir verlangt auf der einen Seite und auf der anderen Seite. Wie hole ich die Mitarbeiter mit an Bord? Wie beziehe ich die ein? Wie gehe ich selbst mit dieser Situation um? (...) Und (...) wenn, aber das ergibt sich dann erst im Rahmen des Coachings, also ich sage mal, wenn die Führungskraft selbst nicht mit sich in der Rolle zufrieden ist, also bis hin zu: Passe ich überhaupt als Führungskraft?

Kommen wir zur Frage, in welchen Unternehmen Coaching genutzt wird.

Die Erfahrung der befragten Coaches ist, dass in modernen Unternehmen oder in weniger hierarchisch ausgerichteten Strukturen Coaching eher etabliert ist als in starken Hierarchien oder starren Strukturen.

> (…) je moderner die Unternehmen sind, desto mehr wissen sie Coaching zu schätzen. Modern heißt, eine kooperative Führung, eine Mitarbeiterbeteiligung (…).
> Coaching wird in den meisten Unternehmen, da wo es ist, wertgeschätzt. Da ist es eine besondere Auszeichnung [für Führungskräfte und MitarbeiterInnen], wenn sie ein Coaching haben können. (…) Die Kultur des Unternehmens ist: Je kooperativer, desto mehr. Je hierarchischer, desto weniger.

Coaching als Unterstützungsangebot wird bereits in zahlreichen Unternehmen genutzt.

58 % der befragten Führungskräfte haben bereits Coaching in Anspruch genommen. Eine Führungskraft sieht darin keinen Mehrwert, eine andere war vom Coach enttäuscht, will es aber gerne mit einem anderen nochmals versuchen.

Die Studie zeigt aber auch: Einige Unternehmen lassen Coaching nicht zu.

25 % der befragten Führungskräfte würden gerne Coaching in Anspruch nehmen. Eine befragte Führungskraft äußert:

> Einzelcoaching wurde bei uns bislang nicht angeboten. Schade, eigentlich.

Manche Führungskräfte machen die Erfahrung, dass Coaching bewusst verhindert wird:

> Wir haben Leute hier, die haben keine Ahnung, dass es sowas [wie Coaching] gibt. Die haben selbst noch nie sowas mitgemacht. Die [Geschäftsführer] haben im 360-Grad-Feedback [vor einigen Jahren] so auf den Sack bekommen und haben das sofort gestoppt, das Projekt.

8 Wie Unternehmen helfen (können)

Ich wette: Wenn Sie hier mal ein 360-Grad-Feedback und eine anonyme Befragung machen würden, dann würde mehr als die Hälfte der Leute sagen, wenn man ihnen die Chance gibt, überhaupt darüber nachzudenken: ‚Ja, ich will das [Coaching]. Ich trau mich aber nicht, das zu sagen.'

Manchmal verbinden Unternehmen mit einem Coaching das Anliegen an den Coach: „Bring die Führungskraft mal wieder auf Spur." Dass dies eine unzureichende Grundlage für einen gelingenden Personalentwicklungsprozess ist, sollte jedem klar sein, der sich mit dem Thema schon einmal beschäftigt hat. Aber in der Praxis der Coaches kommen solche Anfragen durchaus häufiger vor.

Wie sieht nun die konkrete Unterstützung durch Coaching für die Führungskraft im systemimmanenten Widerspruch aus?

Da Kommunikation wechselseitig und die Komplexität im Widerspruch vom Individuum nicht zu bewältigen ist, benötigt es ein Gegenüber. Hierbei kann ein Coach eine wertvolle Unterstützung sein. Der systemimmanente Widerspruch ist jedoch selten Ausgangspunkt des Coachingprozesses. Wie die befragten Coaches berichten, ist häufig bei der Auftragsklärung die eigentliche, zu behandelnde Problematik unbekannt. Viel häufiger entwickelt sich im Gehen ein Bewusstsein und das eigentliche Thema kann herausgearbeitet werden.

„Auslöser für Coaching sind die sogenannten Anlässe, die von den eigentlichen Ursachen unterschieden werden. Der Anlass beschreibt das konkrete Ereignis oder den oberflächlichen Grund, der ein Coaching anstößt. Was aber genau einer Veränderung bedarf, sozusagen die Ursache oder das eigentliche Thema hinter dem Thema, ist den Auftraggebern oder Klienten meist nur eingeschränkt bewusst. Daher kann sich der Anlass des Coachings von dem später bearbeiteten Thema mehr oder weniger unterscheiden" (Roth & Ryba, 2019, S. 26).

Systemimmanente Widersprüche sind so ein Thema hinter dem Thema. Führungskräften ist die eigentliche Problematik laut Aussagen der befragten Coaches nicht bewusst. Sie erleben jedoch die Auswirkungen des Widerspruches auf ihr kommunikatives Verhalten.

Manchmal ist es erst, ja, im Coaching, dass es sich herauskristallisiert. Dass zum Beispiel eine Überforderungssituation dazu geführt hat, dass eine

Führungskraft ins Coaching kommt, [die] dann im Coaching feststellt, das liegt an so einem Spannungsfeld. (...) Und dann wird es natürlich auch bearbeitet, klar, aber das ist nicht der ursprüngliche Auftrag.

Es erfordert Reflexionsfähigkeit, Widersprüche bewusst wahrnehmen und bearbeiten zu können. Wie aber soll Reflexionsfähigkeit ohne Gegenüber gelingen?

„Kluges Führungsverhalten und (…) Entscheiden setzen ein realistisches Selbstbild voraus, das man nur durch den anderen erhält" (Jung, 1991, S. 134–135). Allerdings tendieren Führungskräfte zu einem sozial angepassten Verhalten und gehen bedacht mit Ihren Äußerungen innerhalb des Unternehmens um. Somit wird selten ein ehrliches Feedback gegeben oder es findet überhaupt nicht statt. „Der soziale Spiegel, in den viele Führungskräfte sehen, ist in der Regel verzerrt" (Jung, 1991, S. 135).

Der Coachingprozess ist ja eigentlich einer, der genau das zum Hauptziel hat, sich da selber anzugucken und das zu reflektieren und wahrzunehmen. Und ich glaube, das ist eine zentrale Rolle. (...) Was ich (...) erwarte ist, dass die Führungskraft in der Lage ist, sich selbst anzugucken, die Themen zu sehen, die geklärt werden müssen und die Themen eben auch zu klären in dem Zusammenhang. Und diesen Vorsprung erwarte ich von einer Führungskraft.

(...) man muss mit allen möglichen Tricks und Raffinessen an der Verkleinerung des blinden Flecks arbeiten.

Standortbestimmung

- Bei welchen Themen würde Ihnen eine externe Sichtweise helfen?
- Wie und an welchen Stellen wollen Sie sich und Ihr Verhalten reflektiert weiterentwickeln?

Im Coaching ist bereits bei der Analyse der Ist-Situation die Außensicht eines externen Coaches vorteilhaft, um den Effekt der Betriebsblindheit möglichst zu eliminieren. Wenn dann im Coachingprozess das eigentliche Thema gefunden ist, können Coachee und Coach gemeinsam daran arbeiten. Dabei ist der wertneutrale Ansatz des Coaches mit dem Fokus auf der Unterstützung der Führungskraft entscheidend.

Ein Coaching ist ja kein Beweisverfahren. Also in einem freien Gespräch erfahren sie so viel über die Drangsale in Entscheidungssituationen. (…) von Fehlern, von schwierigen Situationen und ihrer intellektuellen und emotionalen Bewältigung reden die Menschen von ganz allein.

(…) aber wenn tatsächlich jemand erkennt, dass [Coaching] eine Chance ist, dann kann das wahnsinnig viel bewegen, weil das einfach tatsächlich dieser externe Blick ist.

Auf die Frage: „Was hilft Führungskräften am ehesten im Umgang mit solchen gegensätzlichen Anforderungen?" antwortet ein Coach in der Studie:

Tatsächlich ein guter, guter Coach, der ihnen [den Führungskräften] sagt: ‚Wisst ihr was? Alles im grünen Bereich. Ist völlig normal, dass ihr euch so fühlt, dass da jetzt gerade die Kacke am dampfen ist. Alles richtig gemacht, weil, das gehört dazu. Und jetzt atmen wir mal tief durch und gucken mal, ob wir die eine oder andere Stellschraube finden.' Ja und was denen hilft, ist wirklich jemand, der sagt: ‚Hey, es ist o.k.! Das gehört dazu und davon geht die Welt nicht unter. Und jetzt atmen wir mal tief durch und gehen mal in die konstruktive Lösungsfindung.'

Andere Coaches ergänzen:

Also ich glaube das hat sich verändert im Laufe der vielen Jahre. Eine Weile war es so: Wer was auf sich hielt, brauchte kein Coaching, der schaffte das alles selbst. (…) Das hat sich mittlerweile sehr geändert, weil doch ganz viele den Schatz darin begriffen haben (…). Und da geht es gar nicht so um den Brain Trust, also was man an neuem Wissen einbringt, sondern, dass es jemanden gibt, der außerhalb des Unternehmens und der Unternehmenswirklichkeit ist, [der] nochmal Internes anders betrachten und hinterfragen kann, als das interne Leute können.

(…) ich glaube, das widersprüchliche Verhalten bekommst du ja manchmal nur dann mit, wenn es dir gespiegelt wird. Und da finde ich, ist Coaching halt ein wichtiges Instrument. (…) Widersprüche aufdecken, sowohl in der Person, als auch in der Struktur.

Die systemimmanenten Widersprüche werden im Unternehmen nicht thematisiert. Das kann jetzt höchstens thematisiert werden in der persönlichen Arbeitsbeziehung zwischen der Führungskraft, die gecoacht wird und der darüber.

Für ein hilfreiches Coaching sollten neben der Auftragsklärung und der Qualität des Coaches weitere Voraussetzungen gegeben sein.

Hierzu gehört zuerst die Freiwilligkeit bzw. die Eigenmotivation des Coachees. Ohne den Willen zur Selbstreflexion und Veränderung wird Coaching keinen nachhaltigen Effekt erzielen.

Eine weitere Voraussetzung ist die „passende Chemie" zwischen Coach und Coachee. Das vertrauensvolle Verhältnis ist im Coaching ebenfalls unerlässlich, sollen Themen nicht nur abstrakt und theoretisch, sondern persönlich und praxisnah bearbeitet werden.

Die befragten Coaches beschreiben die Voraussetzungen für ein erfolgreiches Coaching wie folgt:

> *Die Selbstmotivation. Also der Mensch muss bereit sein, hinschauen zu wollen und an sich arbeiten zu wollen.*
>
> *Das eine ist: Passt es menschlich? Und das zweite: Kann ich dem Coach vertrauen? Und jetzt, jetzt kommt noch eine dritte: Hat er die Kompetenz, mir zu helfen?*
>
> *Also Aspekte, die mir wichtig sind, sind tatsächlich, dass das eine freiwillige Geschichte ist. Dass da jemand wirklich was verändern will, weil ansonsten, wenn man das von außen versucht und das ist nicht so ein innerer Wunsch, ist halt Coaching sicherlich nicht so effektiv, wie es sein kann, und das hat viel damit zu tun, wie ich mich selbst dem Ganzen öffne.*
>
> *Und manchmal wird das abgeklopft, mit dieser Erfahrung [des Coaches]. Dann ist das eher auf der kognitiven Ebene. Und manchmal ist das eher so ein Bauchgefühl. Da habe ich das Gefühl, da bin ich gut aufgenommen. Da versteht mich jemand. Da stellt jemand die richtigen Fragen und da nimmt mich jemand als Mensch in meiner, ja, meistens Notsituation und in meiner Hilflosigkeit dann ernst. Manchmal ist es ja auch nicht in Notsituationen, sondern für dieses Problem, was ich da habe. Habe ich da einen guten Sparringspartner?*

Zusammenfassend lässt sich festhalten: Coaching ist eine wirksame Methode im Umgang mit systemimmanenten Widersprüchen. Es kann vom Unternehmen bewusst als Unterstützung für die Führungskraft eingesetzt werden.

Coaching kann helfen, unsere gewohnten Denkmuster zu durchbrechen und neue Perspektiven eröffnen. Im systemimmanenten Widerspruch kann dies bedeuten, das „Entweder, oder" durch ein „Sowohl, als auch" ersetzen zu lernen, dabei eigene Ressourcen zu berücksichtigen und sprachfähig zu bleiben bzw. zu werden.

Praxistipp

- Klären Sie mit Ihrer Personalabteilung, ob das Unternehmen Coaching unterstützt.
- Nehmen Sie Kontakt zu einem Coach auf und prüfen Sie, ob die Chemie stimmt. Dies ist in der Praxis leider nicht immer ganz einfach, da das Angebot unübersichtlich und groß ist.
- Fragen Sie ggf. in der Personalabteilung nach einer Auswahl an Coaches.

Komprimierte Studienergebnisse

- 58 % der befragten Führungskräfte haben bereits Coaching in Anspruch genommen.
- 25 % der befragten Führungskräfte würden gerne einmal Coaching in Anspruch nehmen.
- 17 % sehen keine Notwendigkeit für ein Coaching.
- 100 % der befragten Coaches kennen aus ihrer beruflichen Praxis mit Führungskräften das Thema der systemimmanenten Widersprüche.
- Die diffuse Rolle der Führungskraft ist zentrales Thema im Coaching.

Literatur

Argyris, C. & Schön, D. A. (2008). *Die lernende Organisation. Grundlagen, Methode, Praxis* (3. Aufl.). Schäffer-Poeschel.

Blauth-Schweppe. (2022). Coaching und Trainings. Coaching. https://www.blauth-schweppe.de/. Zugegriffen: 30. Okt. 2022.

Jung, W. (1991). Coaching im Unternehmen – Beratung zwischen Therapie und Training. In A. Papmehl & I. Walsh (Hrsg.), *Personalentwicklung im Wandel* (S. 134–140). Gabler.

Kriz, W. C. & Nöbauer, B. (2002). *Teamkompetenz. Konzepte, Trainingsmethoden, Praxis*. Vandenhoeck & Ruprecht.

Lichtenberg, G. C. (o. J.). Sudelbücher Heft K (S. 293). Promies, W. (Hrsg.) (1968). Hanser.

Roth, G. & Ryba, A. (2019). *Coaching, Beratung und Gehirn. Neurobiologische Grundlagen wirksamer Veränderungskonzepte*. Klett-Cotta.

Senge, P. M. (1990). *Die fünfte Disziplin. Kunst und Praxis der lernenden Organisation* (3. Aufl.). Schäffer-Poeschel.

The manufacturer's authorised representative in the EU is Springer Nature Customer Service Centre GmbH, Europaplatz 3, 69115 Heidelberg, Germany. If you have any concerns regarding our products, please contact ProductSafety@springernature.com

Printed and bound by CPI Group (UK) Ltd, Croydon, CR0 4YY

23/03/2026

02076466-0001